ラクラク作れて、男子も女子も喜ぶ！

決定版！

中高生の大満足弁当

上島亜紀 著

ナツメ社

Prologue

育ち盛りの中高生だからこそ、しっかり食べたいお弁当。

作りおき＆朝ラクで毎日簡単！

毎朝、5時に起きてごはんを炊いて、肉を焼いて、野菜をゆでて…。
眠かったり、寒かったり…きっと人から見たら大変なお弁当作り。
辛いな…、面倒くさいな…と思いながらも、
キッチンから立ち込めるしょうゆや砂糖のおいしそうな香りに
自分が一番癒されていることに気づきます。
作ったものを一つ一つお弁当箱に詰めて、
ふたを閉めてキュッとナフキンを結んで出来上がったお弁当は、
今日も元気に学校や部活、塾に行く子どもへのエールだと思います。

幼稚園のお弁当と違い、中高生のお弁当は体を作る大事な一食。
炭水化物、タンパク質、ビタミン、ミネラルなどできるだけバランスよく、
でも、気負わなくても大丈夫な作り方、作りおきをたくさん盛り込みました。

本書では、育ち盛りの中高生が喜ぶこと間違いなし！の
素材別の作りおきおかずと朝ラクおかず、
ごはん、パン、麺メニューなどをたくさん紹介しています。

週末にしっかり作りおきして、平日詰めるだけでもいいですし、
週末に数点作りおきして、当日朝ラクおかずを作って組み合わせても。
また、作りおきおかずを作れなかったときは、
当日、朝ラクおかずを作って組み合わせたっていいのです！

この本を通じて、お母さんたちの負担が少なくなり、
毎日のお弁当作りがもっと楽しくなっていただけたら、うれしく思います。

2018年3月吉日　上島亜紀

CONTENTS

Prologue

育ち盛りの中高生だからこそ、
しっかり食べたいお弁当。
作りおき＆朝ラクで毎日簡単！…2

中高生のお弁当のポイント

❶ 中高生に必要な栄養のこと…10
❷ 男子＆女子　お弁当箱の容量のこと…12
❸ 作りおきおかずの保存のポイント…14
　　作りおきのポイント…15
❹ お弁当の衛生のこと…16
　　傷まない！ お弁当の衛生ポイント…17
❺ お弁当の詰め方Lesson…18
❻ 部活弁＆塾弁のこと…20

この本の特長…22

Part 1

中高生が必ず喜ぶ人気弁当BEST5

男子弁当BEST 5

ラクうま男子弁当のポイント６！…24

❶ がっつりタレから弁当…26
　　タレから／ほうれん草の卵焼き／だしパプリカキャベツ
❷ 豚カツ弁当…28
　　豚カツ／味玉／ピーマンとキャベツのちくわ炒め
❸ 豚のしょうが焼き弁当…30
　　豚のしょうが焼き／春雨サラダ／ブロッコリーのお浸し
❹ 照り焼きハンバーグ弁当…32
　　照り焼き和風ハンバーグ／にんじんとツナのしりしり／
　　じゃがいもとベーコンの粉ふきいも
❺ ぶりの竜田揚げ弁当…34
　　ぶりの竜田揚げ／豚肉とピーマンのオイスターソース炒め
　　／青のりの卵焼き

女子弁当BEST 5

ラクうま女子弁当のポイント６！…36

❶ ハーブローストチキン弁当…38
　　ハーブローストチキン＆ローストポテト／
　　エッグビーンズサラダ
❷ サーモンの南蛮漬け弁当…40
　　野菜たっぷりサーモンの南蛮漬け／マカロニサラダ／
　　洋風だし巻き卵
❸ 韓国風から揚げ弁当…42
　　鶏もも肉の韓国風から揚げ／玉ねぎと桜えびのチヂミ／
　　3色ナムル

❹ えびのすり身揚げ弁当…44
　えびのすり身揚げ／生春巻きサラダ／エスニックなます

❺ カラフルベーコンバーグ弁当…46
　カラフルベーコンバーグ／えびとコーンのかき揚げ／
　紫キャベツとレーズンのマリネ

Column
おにぎりバリエ
焼き鮭おにぎり／焼きたらこおにぎり／ツナマヨおにぎり…48
トマ玉おにぎり／カリカリかつお梅おにぎり／
ベーコーンおにぎり…49
肉巻きおにぎり／ちくわ天むす／キンパ…50

Part 2
朝詰めるだけ＆時短の
お弁当 【メインおかず】

詰めるだけ！ガッツリ男子弁当
❶ 牛肉オイスターソース炒め弁当…52
❷ ポークソテー弁当…53
❸ ロールカツ弁当…54
❹ 鶏肉のバターしょうゆ炒め弁当…55
❺ 鶏つくね弁当…56
❻ 韓国風手羽から弁当…57

作りおきおかず　鶏肉
から揚げ／鶏もも肉のバターしょうゆ炒め／
韓国風手羽から…58
チキン南蛮／チキンのトマト煮／酢鶏…59
鶏天／中華風鶏照り焼き／鶏もも肉の山賊焼き…60
ゆずポンから揚げ／チキンごぼうロール／
チキンクリームソテー…61

作りおきおかず　豚肉
ロールカツ／ポークソテー／豚肉の竜田揚げ…62
トンマヨステーキ／豚肉のチーズロール／
ハッシュポーク…63

作りおきおかず　牛肉
牛肉とえのきのすき焼き風／牛肉のガーリックバター炒め／
牛肉と糸こんにゃくのチャプチェ…64
牛肉と赤パプリカのオイスターソース炒め／牛肉とセロリの
エスニックサラダ／牛肉のにんにくみそ漬け…65

作りおきおかず　ひき肉
メンチカツ／鶏つくね／揚げ焼き春巻き…66
カラフル肉しゅうまい／甘酢の肉団子／
れんこんつくね…67

朝ラクおかず　肉・肉加工品
ハニーマスタードチキン／ハムロールのチーズ焼き…68
ウインナーのカレーマヨ焼き／
ベーコンとズッキーニのくるくる巻き／
スパムのBBQ焼き…69
ガリバタ豚じゃが／さつまいもと豚肉の重ね蒸し／
棒棒鶏…70
エスニックチャーシュー風／ピーマンの肉詰め／
サルシッチャ風ソーセージ…71

作りおきおかず 魚介類

ひと口あじフライ／揚げかじきまぐろのピリ辛ソース／
えびのハーブフリット…72
えびチリ／白身魚のチーズマヨフライ／
さんまの蒲焼き…73
いかのすり身焼き／あじのごまから揚げ／
いかのトマト煮…74
サーモンのマヨ炒め／サーモンのみそ漬け／
ぶりのさっぱり照り焼き…75

朝ラクおかず 魚介類

おいしい塩鮭／かじきまぐろの香草パン粉焼き…76
スパイシーシュリンプ／ツナとコーンのチーズ焼き／
いかのマヨカレー焼き…77
はんぺんのチーズ挟み焼き／サーモンのマヨハーブ焼き／
ねぎ塩シュリンプ…78
白身魚のズッキーニ巻き／ぶりのピリ辛しょうがみそ煮／
白身魚の野菜あんかけ…79

作りおきおかず 豆・豆腐

大豆つくね／厚揚げのガーリックベーコン巻き／
厚揚げ麻婆豆腐…80
厚揚げの土佐煮／大豆のドライカレー／
豆腐の肉みそステーキ…81

作りおきおかず 卵

スコッチ親子エッグ／卵ときくらげの炒め物／
薫り煮卵…82
じゃがいもとベーコンのスペイン風オムレツ／かに玉／
うずらの肉巻きフライ…83
厚焼き卵／桜えびとしょうがの卵焼き／
ハムチーズ卵焼き…84
そぼろ巻き卵焼き／三つ葉の卵焼き／
かにかまの卵焼き…85

朝ラクおかず 豆・豆腐・卵

厚揚げとツナのスパイス焼き／厚揚げの洋風田楽…86
厚揚げとスパムのオイスターソース炒め風／チーズオムレツ／
ポークビーンズ…87
ミックスビーンズ団子／枝豆のつみれ／
豆腐の豚巻き中華ソース…88
野菜たっぷりレンチン卵焼き（千草焼き風）／
鶏肉と枝豆のガーリックしょうゆ炒め風／
豆腐ハンバーグ…89

Column
炊き込みごはんバリエ

梅干しとじゃこの炊き込みごはん／海南チキンライス風／
炊き込みあさりのピラフ…90
ゴロッと鶏飯／カレーピラフ／
大根と豚バラの炊き込みごはん…91

Column
混ぜごはんバリエ

たらこと青じその混ぜごはん／うなきゅうごはん／
鶏そぼろと高菜ごはん…92
鮭と三つ葉の混ぜごはん／ツナと薬味の混ぜごはん／
かぶとじゃこの混ぜごはん…93

Column
サンドイッチバリエ

フレンチトーストサンド／バインミー／ハンバーガー…94
ボリューム厚焼き卵のサンド／ロールパンのプルコギサンド
／照り焼きチキンサンド…95
フィレオフィッシュ／クラブサンド…96

Part 3

朝詰めるだけ＆時短の
お弁当 【サブおかず】

詰めるだけ！ダイエット女子弁当

❶ 大豆のドライカレー弁当…98
❷ 酢鶏弁当…99
❸ チキンのトマト煮弁当…100
❹ 豚肉のチーズロール弁当…101
❺ 牛肉と糸こんにゃくのチャプチェ弁当…102
❻ サーモンのマヨ炒め弁当…103

作りおきおかず　赤の野菜

にんじんとじゃこの甘辛煮／赤パプリカとベーコンのオイスターソース炒め／にんじんとさつまいものかき揚げ…104
にんじんのさっぱりグラッセ／
赤パプリカとハムの中華風和え物／キャロットラペ…105
ラディッシュとうずらのピクルス／紫キャベツとりんごのピクルス／紫キャベツとレモンのコールスロー…106
ラディッシュの甘酢漬け／にんじんとナッツのサラダ／
ミニトマトと小えびのマリネ…107

朝ラクおかず　赤の野菜

赤パプリカと鶏肉のエスニック炒め風／赤パプリカともやしのナムル／ミニトマトとツナのごまマヨ和え…108
ミニトマトとじゃこのチヂミ／にんじんとウィンナーのスパイシー炒め風／にんじんのしりしり…109

作りおきおかず　黄の野菜

メープル大学いも／かぼちゃのコロッケ／
かぼちゃのごまマヨサラダ…110
さつまいもとレーズンのレモン煮／黄パプリカとにんじんのピクルス／黄パプリカとスモークサーモンのマリネ…111
かぼちゃの揚げ浸し／とうもろこしと玉ねぎのフリット／
スイートポテト…112
かぼちゃグラタン／コーンとポテトとツナのサラダ／
スイートポテトフライ…113

朝ラクおかず　黄の野菜

じゃがいものカレーベーコン巻き／
さつまいもとりんごのきんとん／バターコーン…114
黄パプリカと豚バラのガーリック炒め風／
かぼちゃのハーブロースト／屋台の焼きとうもろこし…115

作りおきおかず　緑の野菜

アスパラのごま和え／アスパラのエスニック煮浸し／いんげんと生ハムの春巻き…116
ブロッコリーとベーコンのガーリック炒め／ブロッコリーとツナのサラダ／小松菜のガーリックしょうゆ炒め…117
ほうれん草と豚バラのからし炒め／いんげんとピーナッツの炒め物／ピーマンともやしの塩昆布サラダ…118
ほうれん草とじゃこのお浸し／アスパラと生ハムのフリット／青椒肉絲…119

朝ラクおかず　緑の野菜

アスパラとベーコンのカレーロースト／小松菜と桜えびのナムル／ブロッコリーとカマンベールのハーブロースト…120
いんげんと豚バラのオイスターソース炒め風／
ズッキーニのピザ／ピーマンとちくわの和え物…121

作りおきおかず　茶・黒の野菜

じゃがいもの牛そぼろ煮／いもバターもち／
きのこのアラビアータ…122
なすの肉みそ挟み焼き／里いものごま塩和え／
なすのピリ辛ケチャップ炒め…123
皮つきフライドポテト／ごぼうと牛肉のきんぴら／
ごぼうとエリンギの揚げ浸し…124
なすのしょうが焼き炒め／まいたけとツナのケチャップ炒め／しいたけの鶏そぼろ…125

朝ラクおかず　茶・黒の野菜

きくらげと豚肉のみそ炒め風／しいたけのツナマヨ焼き／
しめじのナムル…126
なすのチーズ焼き／ごぼうのドライカレー／
里いもと豚バラの中華炒め風…127

作りおきおかず 白の野菜

ポテトサラダ／かぶとレモンの浅漬け／
白菜の中華サラダ…128
白菜とそぼろあんかけ／キャベツのコールスロー／
玉ねぎとベーコンのフライ…129
大根もち／れんこんとじゃこのきんぴら／
れんこんの揚げ浸し…130
カリフラワーとパセリのフリット／フレンチフライドポテト
／カリフラワーとチーズのピクルス…131

朝ラクおかず 白の野菜

れんこんの豚肉蒸し／玉ねぎと桜えびのナムル／
かぶのひき肉詰め…132
大根とベーコンの温サラダ／たらもサラダ／
焼きコロッケ…133

Column
作ってみよう！男子1週間弁当…134
作ってみよう！女子1週間弁当…136

Column
朝ラクできる！サブおかずの調理ポイント…138

Part 4
部活＆塾弁レシピ

男子＆女子の部活弁の栄養のこと…140

男子部活弁当

❶がっつりステーキ炒飯弁当…142
ステーキガーリック炒飯／ほうれん草とベーコンのソテー／
えびとミニトマトのマリネ

❷がっつりお魚弁当…144
炊き込み炒飯／さんま巻き／ピーマンと赤パプリカのじゃこ炒め

❸鶏ハムと鮭おにぎり弁当…145
ゴロッと鮭のおにぎり／鶏むね肉のハム／
ブロッコリーエッグサラダ

❹豚肉がっつり洋風弁当…146
ハムとパセリのバターライス／ポークチャップ／ロースト野菜

❺ツナちらし寿司弁当…147
ツナちらし寿司／豚ヒレ肉のカレーステーキ／彩り野菜のナムル

女子部活弁当

❶タンパク質たっぷりヘルシー弁当…148
ささみロール／ミニトマトのマリネ／アスパラのチーズ焼き

❷サーモン焼き弁当…150
サーモンのごまマヨ焼き／春菊とにんじんのごまよごし／
さつまいものバターソテー

❸豚肉巻き弁当…151
豚肉のミニトマト巻き／ツナマヨ厚焼き卵／
彩り野菜のディップサラダ

❹イタリアン弁当…152
えびピラフ／鶏ささみのピカタ／
ズッキーニとウインナーのトマト炒め

❺ほっくり和風弁当…153
野菜たっぷり鶏飯／かじきまぐろのBBQ／野菜の炊き合わせ

男子&女子塾弁当

男子&女子の塾弁の栄養のこと…154

❶鶏ささみの照り焼き弁当…156
しそじゃこの玄米おにぎり／鶏ささみの照り焼き／きゅうりの塩レモン漬け

❷クロックムッシュ弁当…158
クロックムッシュ／ミニトマトのカプレーゼ／ミネストローネ

❸そうめん弁当…159
じゃこそうめん／鶏ささみのしょうゆ漬け／大根のせん切り薬味サラダ

❹エスニックサラダ弁当…160
枝豆と桜えびのおにぎり／エスニックサラダ／フルーツサラダ

❺パンケーキボックス…161
バナナのパンケーキ／ブロッコリーとゆで卵のサラダ／玉ねぎとスモークサーモンのマリネ

❻しょうが焼き弁当…162
野菜たっぷりふわふわしょうが焼き／ミックスビーンズのコールスロー／ミニトマトのしょうゆ和え

❼フレンチトースト弁当…163
フレンチトースト／ズッキーニといんげんとツナのコロコロサラダ／せん切り野菜のコンソメスープ

Column
のっけ弁&麺弁バリエ
ロコモコ丼…164
彩り野菜のプルコギ丼…165
お肉ゴロッと麻婆なす丼／コロコロガパオ丼…166
プリプリお肉の親子丼／塩焼きそば…167
ゴロゴロミートなすのペンネ／豚キムチ焼きうどん…168

Indexおかずさくいん…169

●この本の使い方
- 材料は作りおきでないものは1人分、または作りやすい分量、作りおきはお弁当6回分を基本としています。
- 計量単位は1カップ＝200ml、大さじ1＝15ml、小さじ1＝5ml、米1合＝180mlとしています。
- 「少々」は小さじ1/6未満、「適量」はちょうどよい量を入れること、「適宜」は好みで必要であれば入れることを示します。
- カロリーは1人分で計算しています。
- 電子レンジは600Wを基本としています。500Wの場合は加熱時間を1.2倍にしてください。
- 和風だし汁はかつお節と昆布でとったものを使っています。
- 調理時間は目安です。
- オーブントースターは機種により加熱の温度差があるので、焦げそうなときはアルミホイルを被せてください。

中高生のお弁当のポイント ❶

中高生に必要な栄養のこと

育ち盛りの中高生のお弁当でまず大事なことは、必要な栄養をバランスよく摂ること。
男子と女子では必要な量が変わってくるので、それぞれ見ていきましょう。

男子弁当
約 900 kcal
＊12～17歳のふつうの身体活動レベルの場合

主菜（メインおかず） 約100g

中高生男子の1日のタンパク質の摂取量は60～65gなので、1食あたり約20gが目安。肉や魚なら100g～120gぐらい。

主食 約280g

主食は450kcal分として、ごはんは280gぐらいが目安です。食パンなら8枚切りを4枚分、パスタ（乾燥）なら120gぐらい。

副菜（サブおかず） 約120g

1日350g以上の野菜を食べることを目標としましょう。お弁当では2種類の副菜を組み合わせて、120gの野菜を詰めるのが理想的。

MEMO
色と味のバランスを考えて詰め合わせましょう

この本のお弁当は、主食、メインおかず1品、サブおかず2品を基本に詰めていますが、彩りを考えておかずを詰めることも大切です。「赤、黄、緑、黒・茶、白」の5種類のおかずをバランスよく入れると、彩りだけでなく、栄養バランスもよくなります。

女子弁当 約750kcal

*12〜17歳のふつうの身体活動レベルの場合

主食 約200g

主食は約350kcal分とします。ごはんなら200gぐらいが目安。食パンなら6枚切りを2枚分、パスタ（乾燥）なら90〜100gぐらい。

主菜（メインおかず）約100g

中高生女子の1日のタンパク質の摂取量は55gなので、1食あたり18gぐらいが目安。肉や魚なら100gぐらい。

副菜（サブおかず）約120g

男子同様、野菜は1食120g以上を目安に。ダイエットをするなら野菜の量を多めに、タンパク質を控えめにしても。

中高生のお弁当のポイント ❷

> 男子 & 女子

お弁当箱の容量のこと

お弁当箱を選ぶとき、どれくらいの容量が入るかを考えるものの、なんとなくで選んでいませんか？性別、年齢、身長によっておすすめの大きさがあるので、参考にしてみましょう。

年齢	男子 身長の目安(cm)	男子 1食に必要なエネルギー量(kcal)	男子 弁当箱の適正サイズ(ml)	女子 身長の目安(cm)	女子 1食に必要なエネルギー量(kcal)	女子 弁当箱の適正サイズ(ml)
12〜14	160	865	900	155	800	600〜700
15〜17	170	950	900	157	765	600〜700
18〜20代	171	885	900	158	685	600〜700

＊ふつうの身体活動レベルの場合

体型と活動量でお弁当箱の大きさを選ぶのがコツ！

お弁当箱の大きさは、体型と活動量によって変化する、と覚えましょう。本書では、12〜17歳のふつうの身体活動レベルを基準にしていますので、ほとんど外に出ることがなく活動量が少ない中高生はお弁当箱の大きさを小さめに、部活など日々スポーツに取り組んでいる中高生は大きめのお弁当箱を選ぶのがコツ。

男子弁当の弁当箱の大きさは、900mlがベスト。代表的な素材として、プラスチック、アルミ、ステンレス、わっぱで使われている天然素材などがあります。お子さんの好みに合わせて選びましょう。

男子弁当 900ml

プラスチック製弁当箱

代表的な素材のプラスチック製は、電子レンジ加熱OKのものも。ベーシックなドカ弁タイプなら、浅めなので詰めやすいのが特徴。

わっぱ2段弁当箱

2段のお弁当箱は、おかずとごはんを別々に入れられるので、色移りや味移りせず詰めやすいのが特徴です。曲げわっぱには殺菌効果も。

女子弁当の弁当箱の大きさは、600〜700ml。体型を気にする年頃なので、少し小さめの600mlサイズを選ぶのもおすすめ。カラフルな色や素材、デザインなど種類も豊富。

女子弁当 600ml

プラスチック製2段弁当箱

ごはんを下の段に、おかずを上の段に詰めるというように分けられる2段のお弁当箱。プラスチック製はカラフルな色も豊富です。

わっぱ1段弁当箱

おしゃれなお弁当箱として人気の高い曲げわっぱ。水分をほどよく吸い取ってくれるので、ごはんが冷めてもおいしく食べられます。

中高生のお弁当のポイント ③

作りおきおかずの 保存のポイント

作りおきおかずを作ったら、できるだけ出来たての味をキープして、傷まないように長持ちさせたいですね。冷蔵と冷凍保存をするときのポイントを紹介します。

冷蔵保存

1回分をカップに入れてふたをして冷蔵

炒め物やサラダなどの分けにくいおかずや、味が移りやすいおかずは、1回分ずつカップに入れてから保存容器に入れ、ふたをして保存しましょう。カップごとお弁当箱に詰められるので便利です。シリコンカップを使うとそのまま電子レンジで加熱できますよ。

冷凍保存

カップに小分けにしてラップで包んで冷凍

まずは冷蔵保存同様に、おかずを1回分ずつカップに入れましょう。冷凍保存は霜がつきやすく、食材が劣化してしまうことがあるので、空気に触れさせないように1個ずつラップでピッチリと包んでから、保存容器に入れ、ふたをして保存します。

詰めるときは 自然解凍ではなく、電子レンジで1〜2分加熱し、冷ましてから詰めるのがおすすめ。その際、汁けはしっかりときりましょう。サラダなどはシャキシャキ感は減ってしまいますが、温サラダのようになっておいしいです。

作りおきのポイント

作りおきおかずを長持ちさせるには保存方法以外に、調理方法でもさまざまなコツがあります。ポイントをおさえて、おいしく長持ちする作りおきおかずを作りましょう。

1 保存容器は清潔にする

洗った保存容器は、水分を残さないよう清潔なふきんでよく拭くか、完全に乾かして。アルコールスプレーをし、拭いてから使うとさらに◎。

2 肉や魚介はしっかりと加熱する

肉や魚介などは、普段の食事のときよりも、しっかりと火を通しましょう。竹串を刺して、透明な肉汁が出たら火が通っています。

3 保存するときは必ず粗熱をとって

粗熱をとらずにふたやラップをしてしまうと、水滴がつき、傷みの原因に。バットの下に、保冷剤をおくと、早く粗熱をとることができます。

4 水けをしっかり取り除くこと

食品から出る余分な水分は、傷みの原因になります。下ごしらえをするときは、ペーパータオルで包んで、余分な水分を取り除きましょう。

5 濃いめの味つけにして長持ち

濃いめの味つけにすることで、保存性が高くなります。しっかりめに下味をつけたり、調味料をよくもみ込んだりするとよいでしょう。

6 抗菌作用のある食材を取り入れる

梅干しやしょうが、青じそ、りんご酢、マスタードなど、殺菌作用のある食材や調味料を使うことで、保存性がアップします。

中高生のお弁当のポイント ❹

お弁当の衛生のこと

お弁当は作ってから食べるまでに時間があるため、衛生面での注意が必要です。栄養や見栄えだけでなく、衛生的で安全なお弁当作りも心がけましょう。

食中毒を防ぐルール4

お弁当で食中毒を防ぐための、調理についてや、食べるまでに気をつけたいルールを4つ、おさえましょう。

ルール1 加熱はしっかりと！

食中毒の原因となる細菌の多くは熱に弱いので、必ず中心まで完全に火を通しましょう。特に肉、魚介、卵などは食中毒をおこしやすい食材なので、しっかりと加熱して、お弁当に細菌を残さないようにしましょう。

ルール2 水けをしっかりきること！

水分が多いと、細菌が増える原因になるので、おかずの汁けはしっかりときってから詰めましょう。汁けをきっても水分が出てしまいそうなおかずは、カップなどに入れて他のおかずに汁けが移らないように工夫を。

ルール3 涼しいところにおいておく！

温かくジメジメしている場所は、細菌の増殖が活発になります。冷蔵庫で保存するのが一番ですが、学校などでは難しいので、お弁当を持っていったら、できるだけ涼しく、日の当たらない場所においておきましょう。

ルール4 食べるときは必ず手を洗って

しっかりと手洗いをすることは、食中毒予防の基本。作る側はもちろんですが、食べる側も同じです。手には思っている以上に細菌がついているので、石けんで洗い、清潔なタオルで拭いてから、食事をしましょう。

傷まない！お弁当の衛生ポイント

お弁当の傷みを防ぐための、具体的なポイントを4つ紹介します。
毎日のお弁当作りで実践して、傷みにくいお弁当を作りましょう。

1 まな板やスポンジは清潔に

使用する調理器具は、常に清潔なものを使うことが大切です。生ものを切った包丁やまな板はそのつど洗ったり、調理済みのおかずや野菜を切ってから生ものを切るなど、順番を工夫して。スポンジは細菌が繁殖しやすいので、消毒したり、こまめに交換しましょう。

まな板は肉、魚、野菜と分けても。薄いシートは場所をとらず便利。

使ったスポンジは洗い、熱湯をかけたらしっかりと絞って乾かして。

2 水分は必ずよく拭き取るのがコツ

水分が多いと、細菌が増えて傷みの原因に。ゆでたり、塩もみした野菜は、水けを絞ったり、拭き取ったりしましょう。おかずも汁けをよくきってから詰めて。詰めたおかずが温かいときは、ペーパータオルをかぶせて冷ますと、蒸発する水分を早く吸収してくれます。

ぎゅっと力を込めて絞ります。ペーパータオルで拭き取っても。

ふたを閉める前に、ペーパータオルをのせて水分を吸収させて。

3 箸やふきんは多めに用意しておく

箸は多めに用意し、調理前と調理後、おかずごとに分けて使いましょう。ふきんも数枚ストックし、調理環境を清潔に保って。

4 持っていくときは保冷剤をのせて

暑い時期や温かい場所は細菌が増えやすいので、保冷剤を使いましょう。さらに保冷バッグなどに入れて持たせるのもおすすめ。

中高生のお弁当のポイント ❺

お弁当の詰め方 Lesson

おかずを作っても、詰めるのが苦手でなんだかパッとしない…という方も多いのでは？
見栄えよく上手に詰められるポイントを、詰める順番とともに紹介します。

男子弁当を詰めてみよう！

1 ごはんを詰める

キッチリすき間なく詰めると持ち運んでも崩れず、きれい！！

せっかくきれいに詰めたお弁当が、持ち運んでいる間に片寄ってしまわないように、すき間なくきっちりと詰め込むことが大切です。詰める順番を考えながら詰めると、ただぎゅうぎゅうに詰めただけにはならず、見栄えよく詰めることができますよ。

まずはお弁当箱の半分くらいのスペースに、ごはんを詰めます。

このおかずを詰めました！

牛肉と赤パプリカのオイスターソース炒め ▶▶P65

ミニトマトと小えびのマリネ ▶▶P107

ブロッコリーとツナのサラダ ▶▶P117

4 青じそで仕切りを作る

青じそには抗菌・防腐作用があるので仕切りにおすすめです。

MEMO

仕切りをうまく使ってキッチリ詰める

おかずはまず、カップに入れるものから詰め、そのおかずのまわりに残りのおかずを順に、すき間なく詰めていくと、キッチリと見栄えよく収まります。カップはシリコンカップを使うと、電子レンジにも対応できるので便利。
カップ以外の仕切りには、抗菌・防腐作用のある青じそがおすすめです。

2 カップにおかずを詰めて位置を決める

次にカップに入れたおかずを、ごはんの手前側に詰め、位置を決めます。

3 肉などのメインおかずを並べる

メインおかずはごはんに重なるように詰めると、ごはんに味が染みておいしいです。

5 すき間におかずを詰める

空いているスペースに、すき間ができないようにサブおかずを詰めます。

6 ごはんに梅干し、黒ごまをのせる

最後はごはんに、梅干しやごま、ふりかけなどをのせると彩りがアップ。

完成

中高生のお弁当のポイント ❻

部活弁 & 塾弁のこと

本格的な部活や塾通いが始まる中高生。土日や夏休み、冬休みなども練習に励むお子さんの「部活弁」、受験などで塾通いするお子さんの「塾弁」のポイントをおさえましょう。

部活弁のポイント

油は少なめに タンパク質と炭水化物は多めにするのが◎

部活弁で気になるのが「食事量」のこと。競技種目や練習量、体格によっても一人一人違いますが、1日のエネルギー量は約3000kcal以上が必要とされています。お弁当も1食1000kcalを目安にしましょう。また、5大栄養素をバランスよく取り入れることも大切です。特にタンパク質と炭水化物は多めに、油は少なめにするのがポイントです。

肉もごはんもガッツリ！
男子の部活弁はステーキとごはんをたっぷり。野菜もプラスして。

良質なタンパク質も！
女子の部活弁は、鶏ささみ＋野菜でタンパク質＆ビタミン補給を。

魚弁当も！
パワーの出る魚弁当もおすすめ。炊き込みごはん＆野菜と一緒に。

MEMO

試合前、試合当日、試合後によって食べるポイントをおさえて

試合3日前ぐらいから、炭水化物を多めに摂ってエネルギー補充を。試合当日は、炭水化物中心で油少なめ、ビタミンB_1やタンパク質多めの食事を試合3時間前には済ませて。試合後は炭水化物とクエン酸、タンパク質の補給も忘れずに！

MEMO

どんなときに持っていく？

部活弁や塾弁を持っていくタイミングはいつなのでしょうか。部活弁は、土日や祝日、夏休みや冬休みの練習や試合の際に持たせることが多いでしょう。塾弁は、塾で夜遅くなるお子さんのために、補食という役割で持たせたり、塾に行く前に家で食べることもあります。がんばるお子さんの栄養サポートの役割も。

塾弁のポイント

なるべく量は少なく眠くならないようにするのがポイント！

塾弁は、頭がよくなる栄養に気をつかうというよりは、夜遅くまでがんばるお子さんの補食になるようなお弁当を作ることがベスト。学校と部活が終わってから塾に通うお子さんは特に、スタミナも切れ、お腹もペコペコ。だからといって、食べ過ぎは眠気を誘うことになるので、あくまでも軽食を取る感覚で、栄養バランスのよいお弁当を作りましょう。

シンプルなおにぎり弁当

おにぎり2個と軽めのタンパク質、野菜のおかずを詰め合わせて。

そうめん弁当もおすすめ

夏におすすめなのが、そうめん弁当。タンパク質＋野菜と一緒に。

MEMO

学校と塾のお弁当を両方作るときこそ、作りおきの活用を

学校と塾のお弁当を両方作るのはとても大変。そんなときこそ、作りおきのおかずがあると便利です。本書の塾弁は当日作るレシピを紹介していますが、おにぎりやそうめん、パンケーキなどの主食と作りおきのおかずを組み合わせるのもおすすめです。

パンケーキのような軽食も

女子が大喜びしそうなパンケーキのお弁当。サラダを添えて。

21

この本の特長

毎日のお弁当作りがラクになる、短時間で簡単に作れるおかずや、作りおきのおかず、部活や塾などのシーン別のお弁当などを紹介しています。本書の特長をおさえて活用しましょう。

特長 1 中高生の男子も女子も大満足のおかずとお弁当をたくさん紹介！

朝、短時間で作れるお弁当と作りおきを詰めるだけのお弁当、どちらも載っているのがうれしい！

特長 2 作りおきおかずと朝ラクおかずを組み合わせるから本当にラクチン！

食材別で作りおきおかずと、朝簡単に作れるおかずを紹介。組み合わせれば、毎朝簡単にお弁当が完成！

特長 3 中高生ならではの部活弁、塾弁の栄養のことやレシピが満載！

運動部向きのお弁当、塾で食べるお弁当と、それぞれのシーンに適したお弁当を紹介しています。

Part 1

中高生が必ず喜ぶ
人気弁当 BEST 5

中高生が喜ぶお弁当を、男子と女子それぞれ5個ずつラインナップ。
朝、簡単に作れるおかずをタイムスケジュールつきで紹介しているので、
短時間で効率よく作れます。ぜひ参考にしてみて!

> ラクうま

男子弁当の
ポイント6!

中高生男子といえば、食欲が旺盛！ ごはんはどのくらい盛ったらいいの？ どんなおかずを詰めたらいいの？ と、初めのうちはどんなお弁当を作ればいいのか悩ましいですね。そんな中高生男子が大満足するポイントを紹介します。

ガッツリ系の

＼タンパク質おかず／　　＋　　＼野菜おかず／　で！

1 炭水化物はドッサリ！280g!!

食べ盛り男子の満足感を満たすには、主要なエネルギー源にもなる、ごはんやパン、麺類などの炭水化物を280gとたっぷりと詰めて。ごはんなら、丼大盛り1杯分が目安。

2 タンパク質は肉・魚介などをしっかり！

骨や筋肉、血液など、体を作るタンパク質は、成長期の子どもにとって、大切な栄養素です。豆類や卵も良質なタンパク質を含みますが、食べ応えのある肉や魚介がおすすめ。

3 おかずの味つけはごはんが進む系のものを

たっぷりのごはんを詰める男子弁当には、ごはんにのせて一緒に食べたくなるような、しっかりとした味つけのおかずが喜ばれます。タレを絡ませたり、下味をつけたりと工夫してみて。

4 なんといっても『ボリューム感』

食べ盛りの中高生に人気のお弁当はやっぱり、ボリューム満点のガッツリ弁当！ たっぷりの炭水化物と、肉や魚介のおかずをどーんと詰めて。ただし、野菜のおかずも忘れずに。

5 豪快にかぶりつきたいおかずを

腹ペコ男子がお弁当箱を開けた瞬間、思わずかぶりつきたくなるような、肉や魚介のメインおかずを詰めれば、テンションもアップ。午後の授業のやる気もアップしそうですね。

6 彩り野菜も忘れずに！

ガッツリ弁当は、茶色いお弁当になりがち。野菜のおかずを入れて、彩りと栄養バランスをよくして。炭水化物とタンパク質に偏らず、ビタミンのおかずも必ず入れましょう。

★男子弁当 BEST 1！

がっつりタレから弁当

しょうゆダレをしっかり染み込ませた鶏から揚げにほうれん草を巻いた卵焼き、シャキシャキ食感が魅力の野菜の和え物。それぞれに和風だし汁を効かせた、ごはんが進むお弁当です。

主食
ごはん280g／
ふりかけ適量
エネルギー 488kcal

メインおかず
タレから
しょうゆダレが鶏肉にしっかりとなじむから、冷めてもおいしいから揚げに。

カリッと
ジューシー
和風味

サブおかず
だしパプリカキャベツ
切って混ぜるだけで簡単に作れて、お弁当の彩りにもなる野菜の優秀おかず。

サブおかず
ほうれん草の卵焼き
緑がきれいなほうれん草を巻いた卵焼きは見た目もよく、栄養もアップ！

調理時間 **25 min**　総エネルギー **1027 kcal**

Time Schedule

	0	5	10	15	20	25
● タレから		鶏肉を切って漬け込む		揚げる	絡める	
● ほうれん草の卵焼き			ほうれん草をゆでる		焼く	切る
● だしパプリカキャベツ		野菜を切って塩もみ			和える	

★メインおかず
タレから
[320kcal／15min]

・材料（1～2人分）
鶏もも肉…½枚
A【溶き卵大さじ1、しょうゆ・
　みりん各小さじ1、
　にんにく（すりおろし）小さじ¼】
片栗粉…大さじ1
小麦粉…大さじ½
B【和風だし汁大さじ1、しょうゆ小さじ1、
　砂糖小さじ½】
揚げ油…適量

作り方
1 鶏肉は身の厚い部分に包丁を入れて厚みを均等にし、ひと口大に切ったら、ペーパータオルで包んで余分な水けを取り除く。保存袋にAと一緒に入れてもみ込み、5分以上おく。
2 1に混ぜ合わせた片栗粉、小麦粉をまぶし、170℃の揚げ油で揚げる。
3 耐熱ボウルにBを入れ、ラップをせずに電子レンジで加熱し、沸騰させたら、2を入れて絡める。

タレはフライパンや鍋を使って煮立たせずに、耐熱ボウルに入れて、電子レンジで加熱して作れるのでラクチン。

汁けがあるおかずは　カップに入れて詰める
だしパプリカキャベツは、汁けをきり、カップに入れてから詰めると、他のおかずの味をじゃますることなく、おいしくいただけます。卵焼きは、断面が見えるように詰めると、彩りアップに。

★サブおかず
ほうれん草の卵焼き
[180kcal／7min]

・材料（1～2人分）
ほうれん草…½株
薄口しょうゆ…小さじ½
A【卵2個、和風だし汁・
　煮きりみりん（下記）各大さじ1、
　塩小さじ⅓、水溶き片栗粉
　（片栗粉小さじ⅓＋水小さじ1）】
サラダ油…小さじ1

作り方
1 ほうれん草はゆでて水けをしっかり絞り、薄口しょうゆをかける。
2 ボウルにAを入れ、混ぜる。
3 卵焼き器にサラダ油を熱し、2を入れてかき混ぜ、スクランブルエッグ状になったら、1をのせて、ふわっと巻きながら卵焼きの形に整える。
4 3が冷めたら、お好みの大きさに切る。

煮きりみりんについて
みりんに含まれるアルコールを飛ばすことで、うまみと甘みが凝縮し風味をよくします。短時間で煮上げる料理に最適で、電子レンジで加熱して沸騰させれば簡単に作れます。

★サブおかず
だしパプリカキャベツ
[39kcal／5min]

・材料（1人分）
パプリカ（赤）…⅒個
キャベツ…1枚
白炒りごま…小さじ1
かつお節…2g
塩…適量

作り方
1 ヘタと種を取り除いたパプリカ、キャベツは細切りにし、塩少々を軽くもみ込み、しんなりしたら水けをしっかり絞る。
2 ボウルに1、白炒りごま、かつお節を入れて和え、塩で味をととのえる。

★男子弁当 BEST 2！

豚カツ弁当

ごまみそを塗ってサクッと揚げた、冷めてもおいしい特製豚カツ。手作り味玉に、片栗粉で
うまみを閉じ込めたちくわ入りの野菜炒め。ごはんは梅干しと黒ごまでシンプルに！

ごまみそ風味の豚カツ！

○ メインおかず
豚カツ

豚のうまみとごまみそのコクが相まって、ソースなしでもおいしいです。

サブおかず ○
味玉

2つに切って断面を上にし、中央に盛りつけるとお弁当が華やかに。

○ 主食

ごはん280g／
カリカリ梅3個／
黒炒りごま適量
エネルギー　487kcal

○ サブおかず
ピーマンとキャベツのちくわ炒め

もりもり食べたい野菜をたっぷりと下に詰め、ちくわは上に添えるときれいです。

調理時間 **20** min

総エネルギー **1182** kcal

⏱ Time Schedule

	0	5	10	15	20	25
● 豚カツ		豚肉を切ってAを塗る			衣をつけて揚げる	
● 味玉			Aを電子レンジで加熱し、ゆで卵を漬ける			
● ピーマンとキャベツのちくわ炒め		野菜の下準備　炒める				

★メインおかず

豚カツ

[513kcal／10min]

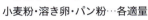

・材料（1人分）
豚ロース肉（豚カツ用）…2枚
A【みそ・白すりごま各小さじ1、
　砂糖小さじ½】
小麦粉・溶き卵・パン粉…各適量
揚げ油…適量

作り方
1 豚肉は筋を切り、半分の長さに切り、包丁の背でたたく。
2 1の1枚に混ぜ合わせた**A**の半量を塗り、もう1枚をのせてしっかりと密着させる。これを2個作る。
3 2に小麦粉、溶き卵、パン粉を順につけ、170℃の揚げ油で揚げる。

肉と肉の間に、ごまみそ風味のペーストを挟んでいるから、しっかり味がついて冷めてもおいしい。そのまま食べられるのでソースの用意も不要です。

卵は断面を見せるように詰めると華やかに

まず、メインおかずの豚カツを半分くらいのスペースを使って盛りつけ。味玉は、断面が見えるように詰めましょう。茶色系のおかずが多いので、ごはんの上には、カリカリ梅をのせて、赤色をプラスしました。

★サブおかず

味玉

[109kcal／15min]

・材料（1人分）
ゆで卵…1個
A【しょうゆ小さじ1½、
　みりん・水各小さじ1
　砂糖小さじ½、
　かつお節2g】

作り方
1 耐熱ボウルに**A**を入れ、ラップをせずに電子レンジで30〜40秒加熱して沸騰させ、粗熱をとる。
2 保存袋に**1**とゆで卵を入れ、空気を抜くように閉じ、15分ほどおく。

★サブおかず

ピーマンとキャベツの ちくわ炒め

[73kcal／7min]

・材料（1人分）
ピーマン…1個
キャベツ…1枚
ちくわ…1本
片栗粉…小さじ1
鶏がらスープの素（顆粒）…小さじ⅓
塩・こしょう…各少々
サラダ油…小さじ½

作り方
1 ヘタと種を取り除いたピーマン、キャベツは1cm幅の細切りにし、ちくわは5mm幅の斜め薄切りにする。
2 保存袋に**1**、片栗粉を入れ、袋をふってまぶす。
3 フライパンにサラダ油を熱し、**2**を入れて炒め、鶏がらスープの素を加え、塩、こしょうで味をととのえる。

Part 1 人気弁当BEST5 男子弁当

★男子弁当 BEST 3！

豚のしょうが焼き弁当

りんごジャムが隠し味の、コクのある甘辛しょうが焼きをごはんにON！　具だくさんの春雨サラダ、
ブロッコリーには和風だし汁を染み込ませてホッとする定食屋さん風のお弁当。

甘辛ダレが
ごはんに
合う！

🍳 主食

ごはん280g／
黒炒りごま適量
エネルギー　479kcal

メインおかず♂
豚のしょうが焼き

りんごジャムの甘みと
しょうゆのコクが絶
妙に豚肉に絡むしょう
が焼きです。

サブおかず
ブロッコリーの
お浸し

冷ますと味がなじんで
おいしい！　彩りもよ
く、箸休めにもぴったり

サブおかず
春雨サラダ

具材たっぷり！　酸味
とコクのあるマヨ味は
しょうが焼きとの相性
も抜群です。

調理時間 **20** min

総エネルギー **1194** kcal

🕐 Time Schedule

	0		5		10		15		20		25
● 豚のしょうが焼き		豚肉の下準備 & A を混ぜ合わせる			焼いて A を絡める						
● 春雨サラダ			春雨をゆでる & 材料を切る				和える				
● ブロッコリーのお浸し					ブロッコリーの下準備 & 漬け汁を作る	浸す					

★メインおかず
豚のしょうが焼き
[445kcal／10min]

・材料（1人分）
豚肩ロース肉（しょうが焼き用）
　…3枚
塩・こしょう…各少々
小麦粉…小さじ2
A【しょうゆ・水各大さじ1、みりん大さじ½、
　りんごジャム大さじ1½、
　しょうが（せん切り）⅓かけ分】
サラダ油…大さじ½

作り方
1 豚肉は筋を切り、塩、こしょうをふり、小麦粉をまぶす。Aは混ぜ合わせる。
2 フライパンにサラダ油を熱し、1を入れて両面焼き、一度取り出す。
3 2のフライパンにAを入れて煮立たせ、2で取り出した豚肉を戻し入れ、煮絡める。

ラクテク
タレにはりんごジャムを使うことで、やさしい甘みと風味が簡単にプラスできます。ジャムの程よいとろみで、肉にタレがよく絡むのがうれしい。

詰め方Point!
**しょうが焼きは
ごはんの上に直接のせる**
一段のお弁当箱に詰めるときは、ごはんの上にメインのおかずが重なるように詰めてもOK。しょうが焼きのタレがごはんにつくのもおいしい！ 春雨サラダの下には青じそを仕切りに使いました。

★サブおかず
春雨サラダ
[243kcal／7min]

・材料（1人分）
春雨（乾燥）…10g
ハム…1枚
ゆで卵…1個
玉ねぎ…1/10個
きゅうり…⅛本
マヨネーズ…大さじ1
レモン汁…小さじ1
塩・こしょう…各適量

作り方
1 春雨はゆでて戻し、水けをしっかりきる。ハムは1cm四方に切る。玉ねぎ、きゅうりはスライサーで薄切りにし、塩少々で和え、しんなりしたら水けを絞る。
2 ボウルにゆで卵を入れて粗く崩し、1、マヨネーズ、レモン汁を加えて混ぜ、塩、こしょうで味をととのえる。

★サブおかず
ブロッコリーのお浸し
[27kcal／10min]

・材料（1人分）
ブロッコリー…大3房
A【和風だし汁50ml、
　薄口しょうゆ大さじ½、
　砂糖小さじ½】

作り方
1 ブロッコリーは食べやすい大きさに切り、沸騰した塩水で20秒ほどゆで、しっかりと水けをきる。
2 Aは耐熱ボウルに入れて、ラップをせずに電子レンジで沸騰させる。
3 2に1を入れて5分ほど浸す。弁当箱に詰めるときは汁けをきってから詰める。

★男子弁当 BEST 4!

照り焼きハンバーグ弁当

ひと口大に丸めて焼き上げ、食べやすくした甘辛ダレのハンバーグ。細切りにんじんとツナを合わせて炒めた人気のしりしりと、電子レンジで作る粉ふきいもで野菜もたっぷり補給!

メインおかず
照り焼き和風ハンバーグ
仕上げに絡めるジャムの甘辛ダレが、うまみと色照りのよさを引き立てます。

ミニサイズで食べやすい!

主食
ごはん280g／
ふりかけ適量
エネルギー 488kcal

サブおかず
にんじんとツナのしりしり
ツナとごま油がにんじんの青臭さをなくしてくれるので、もりもり食べられます。

サブおかず
じゃがいもとベーコンの粉ふきいも
ベーコンとバターのコクでうまみアップ！電子レンジで作れる簡単粉ふきいも。

調理時間 **20 min**
総エネルギー **1252 kcal**

Time Schedule

	0	5	10	15	20	25
● 照り焼き和風ハンバーグ	肉だねを作り、成形する		焼いてタレを絡める			
● にんじんとツナのしりしり		にんじんを切る＆ツナの油をきる			炒める	
● じゃがいもとベーコンの粉ふきいも	じゃがいもを電子レンジ加熱して切る＆ベーコンを切る		和える			

★メインおかず

照り焼き和風ハンバーグ

[396kcal／10min]

・材料（1人分）
A【豚ひき肉100g、
　玉ねぎ（みじん切り）大さじ1、
　しょうが（すりおろし）・しょうゆ
　各小さじ½、パン粉大さじ2、
　溶き卵大さじ1、
　塩・こしょう各少々】
B【しょうゆ・水・マーマレード（またはりん
　ごジャム）各大さじ1】
サラダ油…大さじ½

作り方
1. ボウルにAを入れてしっかり混ぜ、3等分にして平たい丸に成形する。
2. フライパンにサラダ油を熱し、1を入れて片面に焼き色がつくまで焼き、ひっくり返してふたをし、弱火で5分ほど焼く。
3. 2の余分な油をペーパータオルで取り除き、混ぜ合わせたBを加えて絡める。

ラクテク
作るのが大変そうなハンバーグですが、ひと口サイズにすれば、成形も簡単！ 肉だねを混ぜたら、3等分にして、平たく丸めるだけでOKです。

詰め方Point!
すき間ができないように しっかりと詰める
ごはんとおかずを詰めて、弁当箱のスペースに余裕があると、持ち運ぶときに動いてしまい、片寄ってしまうことも。すき間ができないように、ぎゅっと詰めると、片寄り防止になります。

★サブおかず

にんじんとツナのしりしり

[172kcal／7min]

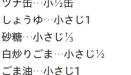

・材料（1人分）
にんじん…⅓本
ツナ缶…小½缶
しょうゆ…小さじ1
砂糖…小さじ⅓
白炒りごま…小さじ½
ごま油…小さじ1

作り方
1. にんじんはスライサーでせん切りにする。ツナは油をしっかりきる。
2. フライパンにごま油を熱し、にんじんを入れて炒め、しんなりしたらツナを加えてほぐしながら炒め、しょうゆ、砂糖、白炒りごまを加えてさらに炒める。

★サブおかず

じゃがいもと ベーコンの粉ふきいも

[196kcal／10min]

・材料（1人分）
じゃがいも…1個
スライスベーコン…½枚
パセリ（みじん切り）…少々
バター…小さじ1
コンソメスープの素（顆粒）
　…小さじ¼
塩・こしょう…各少々

作り方
1. じゃがいもは皮をきれいに洗い、ペーパータオルで包んで水でひたひたにぬらし、ラップで包んで電子レンジで3分30秒〜4分加熱する。そのまま2分おき、皮をむいてひと口大に切る。ベーコンは5mm幅に切る。
2. じゃがいもが熱いうちに、ボウルにベーコン、パセリ、バター、コンソメスープの素を入れてさっと混ぜ、塩、こしょうで味をととのえる。

★男子弁当 BEST 5!

ぶりの竜田揚げ弁当

お弁当にも扱いやすいぶりの切り身は、しょうゆとしょうがを効かせた竜田揚げに。豚肉で作る細切り野菜炒めと磯の香り広がる卵焼きを組み合わせた少し大人風味の贅沢弁当。

調理時間 **25** min / 総エネルギー **1348** kcal

サブおかず
青のりの卵焼き
卵の黄色に青のりの緑色がきれいな卵焼き。ふんわりとした食感と青のりの風味が◎

サブおかず
豚肉とピーマンのオイスターソース炒め
ごはんの上にのっけたくなる味つけと、2色のピーマンで彩りもよいおかずです。

メインおかず
ぶりの竜田揚げ
冷めてもおいしい竜田揚げ。その食感と味つけにごはんも進みます。

しょうが風味で魚もおいしい!

主食
ごはん280g／ふりかけ適量
エネルギー
488kcal

Time Schedule

	0	5	10	15	20	25
● ぶりの竜田揚げ		ぶりの下準備をし、Aに漬ける		揚げる		
● 豚肉とピーマンのオイスターソース炒め		材料を切る			炒める	
● 青のりの卵焼き			卵液を作り、焼く			

★メインおかず
ぶりの竜田揚げ
[458kcal／20min]

・材料（1人分）
ぶり（切り身）…大1切れ
塩…少々
A【酒大さじ1、しょうゆ大さじ½、
　しょうが（すりおろし）・
　にんにく（すりおろし）・
　砂糖各小さじ⅓】
片栗粉…大さじ1～2
揚げ油…適量

作り方
1 ぶりは皮と骨を取り除き、1.5cm幅の縦長に切り、塩をふる。ペーパータオルで包んで余分な水気を取り除き、混ぜ合わせたAに15分ほど漬ける。
2 1に片栗粉をまぶし、170℃の揚げ油で揚げる。

お弁当の1人分の揚げ物だったら、小さめの鍋を使うのがおすすめ。少ない量の油で揚げ物ができ、片づけも簡単なので、揚げ物も気軽に作れます。

彩りのあるおかずを真ん中に詰める
縦長の弁当箱は、おかずを順番に並べるように詰めればOK！　赤と緑のピーマンが入った豚肉のオイスターソース炒めを真ん中に詰めて、彩りを引き立たせました。となりに詰めた卵焼きは、青じそで仕切って。

★サブおかず
豚肉とピーマンのオイスターソース炒め
[167kcal／10min]

・材料（1人分）
豚ロース肉（しょうが焼き用）…1枚
ピーマン（緑）…1個
パプリカ（赤）…⅛個
しょうが…¼かけ
A【しょうゆ・片栗粉各小さじ1、
　酒小さじ½、塩・こしょう各少々】
B【オイスターソース小さじ1、しょうゆ小さじ½】
サラダ油…小さじ1

作り方
1 豚肉は7mm幅に切り、混ぜ合わせたAと和える。ピーマンとパプリカはヘタと種を取り除き、5mmの細切りにする。しょうがは細いせん切りにする。
2 フライパンにサラダ油を熱し、豚肉、しょうがを入れて炒め、色が変わったらピーマンとパプリカを加えて炒め、その後Bを加えてさっと炒める。

★サブおかず
青のりの卵焼き
[235kcal／7min]

・材料（1人分）
A【卵2個、和風だし汁・
　煮きりみりん（P27）各大さじ1、
　水溶き片栗粉（片栗粉小さじ⅓
　＋水小さじ1）】
青のり…小さじ¼
サラダ油…小さじ1

作り方
1 ボウルにAを入れ、混ぜる。
2 卵焼き器にサラダ油を熱し、Aを入れてかき混ぜ、スクランブルエッグ状になったら、青のりをふりかけ、くるくる巻く。
3 2の形を整えて、冷めたらお好みの大きさに切る。

> ラクうま

女子弁当の
ポイント6!

ダイエットをする子も増えてくる中高生女子。といっても成長期で身体を作っていく大切な時期なので、栄養をしっかり摂れる食事が必要!ヘルシーでありながらも栄養バランスがよく、おしゃれなお弁当のポイントをおさえましょう。

\タンパク質おかず/  \野菜おかず/ で!

1 炭水化物はほどほど200g

エネルギー源になる炭水化物は、食欲があるからといって食べ過ぎると太る原因になり、ダイエットだからといって食べないのもNG。ごはんならお茶碗大盛り1杯分が目安です。

2 タンパク質は低脂肪のものを選ぶ！

太りたくない女子のために、低脂肪のものを選んで。魚介、卵、豆類は特に心配ありませんが、肉の場合は低脂肪の鶏ささみ、鶏むね肉、豚もも肉、牛赤身肉がおすすめです。

3 野菜のおかずを多めに入れて！

野菜はヘルシーなうえ、ビタミン、ミネラル、食物繊維などを含むので、美肌や便秘予防など、女子にうれしい効果が期待できます。炭水化物、タンパク質と合わせて、しっかり摂って。

4 彩りきれいにおしゃれ心もプラス！

女子が喜ぶお弁当は味だけでなく、彩りのよさや、おしゃれさも重要！ 赤、黄、緑などの野菜が入ったおかずは、お弁当が一気に華やかに。カラフルなピックを使うと、簡単に彩りアップ。

5 ダイエット中はごはん少なめ野菜多めで！

ダイエット中は、ごはんなどの炭水化物は少なめにし、その代わりに野菜をたくさん使ったおかずを詰めてあげて。成長期なので、ごはんを完全に抜いてしまうのはNGです。

6 サンドイッチやパスタ弁当も◎！

主食はごはんだけでなく、サンドイッチやパスタにするとカフェのようなおしゃれなお弁当に。サンドイッチなら、かわいいペーパーなどで包んで持たせるのもおすすめです。

★女子弁当 BEST 1！

ハーブローストチキン弁当

お弁当のふたを開けるとふわっとローズマリーの香りが広がる鶏とじゃがいものソテー。
人気の豆サラダはマヨネーズとケチャップ、ハーブソルトで仕上げてデリ風お弁当に！

サブおかず
エッグビーンズサラダ
ケチャップの酸味とまろやかなコクのマヨ味が絡むおいしい豆サラダ。

ローズマリーで本格派！

主食
ごはん200g／
カリカリ梅1個／
黒炒りごま適量
エネルギー　345kcal

メインおかず
ハーブローストチキン＆ローストポテト
おしゃれ感とおいしい香りに食欲もテンションも思わずアップの一品。

調理時間 20 min

総エネルギー 695 kcal

Time Schedule

	0	5	10	15	20	25
● ハーブローストチキン＆ローストポテト	鶏肉、じゃがいもの下準備		焼く			
● エッグビーンズサラダ				混ぜる		

★メインおかず

ハーブローストチキン＆ローストポテト

[252kcal／15min]

- 材料（1〜2人分）

鶏もも肉…½枚
じゃがいも…½個
にんにく…½かけ
赤唐辛子（種を取る）…1本分
ローズマリー…1枝
塩・こしょう…各適量
オリーブオイル…小さじ1

作り方

1. 鶏肉は身の厚い部分に包丁を入れて厚みを均等にし、脂は取り除く。ひと口大に切り、ペーパータオルで包んで余分な水けも取り除く。じゃがいもは皮をきれいに洗い、芽があれば取り除き、7mm幅の半月切りにする。にんにくは半分に切って芽を取り除き、つぶす。
2. 1の鶏肉、じゃがいもに塩、こしょうをふる。
3. フライパンにオリーブオイル、にんにく、赤唐辛子を入れて熱し、鶏肉を皮目から焼いて焼き色がしっかりつくまで焼き、じゃがいもも加えてよく炒めたら、鶏肉をひっくり返す。
4. 3にローズマリーを加え、ふたをして弱火で5分ほど焼き、そのまま2分ほどおく。

ラクテク ローストチキンとローストポテトは味つけも、加熱も2品同時にできるので、忙しい朝にはうれしいおかず。ローズマリーの風味が本格的な一品です。

詰め方Point! シリコンカップなどにおかずを詰める
形が崩れやすいおかずや、味が他のおかずに移りやすいものは、カップに入れて詰めましょう。茶色いおかずが多いので、ごはんの真ん中にカリカリ梅をのせれば、アクセントになります。

★サブおかず

エッグビーンズサラダ

[98kcal／5min]

- 材料（1〜2人分）

ゆで卵…1個
ミックスビーンズ（ドライパック）
　…大さじ3
パセリ（みじん切り）…少々
A【マヨネーズ・
　トマトケチャップ各大さじ½、ハーブソルト適量】

作り方

1. ボウルにゆで卵を入れて粗めに崩し、ミックスビーンズ、パセリ、Aを加えて混ぜる。

ラクテク ドライパックのミックスビーンズを使えば、豆を戻す手間も省けてラクチン。材料を入れて混ぜるだけだから、忙しい朝にはピッタリのおかずです。

★女子弁当 BEST 2!

サーモンの南蛮漬け弁当

カリッと揚げたサーモンを野菜と一緒に甘酢に漬け込む南蛮漬けは、
お弁当にピッタリ！ マカロニサラダと牛乳入り卵焼きで、パステル調のおしゃれ弁当です。

主食 ◯

ごはん200g／
白炒りごま適量
エネルギー　345kcal

サブおかず

マカロニサラダ

ヨーグルトの酸味が
アクセント。お好みの
ショートパスタで作っ
てもOK！

淡い
色合いが
かわいい！

サブおかず

洋風だし巻き卵

牛乳のこっくりさが卵の甘みを引き
出してくれる濃厚な卵焼き。

メインおかず

野菜たっぷり
サーモンの南蛮漬け

甘酸っぱい漬けダレのカラフル野菜
と、サクッと揚げたサーモンが絶妙！

調理時間 **25** min

総エネルギー **892** kcal

⏱ Time Schedule

	0	5	10	15	20	25
● 野菜たっぷりサーモンの南蛮漬け	サーモンの下準備 & 野菜を切って **A** に漬ける		揚げる	漬ける		
● マカロニサラダ		マカロニをゆでる & 材料を切る		和える		
● 洋風だし巻き卵					卵液を作り、焼く	

★メインおかず

野菜たっぷり サーモンの南蛮漬け

[246kcal／15min]

・材料(1～2人分)

サーモン(切り身)…大1切れ
玉ねぎ…⅙個
パプリカ(赤・黄)…各⅒個
塩・こしょう…各適量
A【レモン汁・薄口しょうゆ各大さじ1、砂糖小さじ½、しょうが(すりおろし)少々】
小麦粉…適量
揚げ油…適量

作り方

1 サーモンはひと口大に切り、塩、こしょうをふり、ペーパータオルで包んで余分な水けを取り除く。
2 玉ねぎ、ヘタと種を取り除いたパプリカは薄切りにし、混ぜ合わせたAに漬けておく。
3 1に小麦粉を薄くまぶし、170℃の揚げ油で揚げ、2に加えて漬ける。弁当箱に詰めるときは汁けをきってから詰める。

ラクテク
サーモンは塩、こしょうをしたあと、ペーパータオルで包んで水けを取ることで、生臭さも取り除けます。この簡単なひと手間でさらにおいしく！

詰め方Point!
汁けのあるものは必ず汁けをきって詰める
マカロニサラダはカップに詰め、南蛮漬けは仕切りに青じそを使いました。南蛮漬けは必ず、汁けをしっかりときってから詰めましょう。パプリカの彩りがきれいなので、見えるように詰めると◎。

★サブおかず

マカロニサラダ

[142kcal／15min]

・材料(1～2人分)

マカロニ…10g
ハム…2枚
ゆで卵…1個
きゅうり…⅛本
セロリ…⅒本
A【マヨネーズ大さじ1、プレーンヨーグルト大さじ½】
塩・こしょう…各少々

作り方

1 マカロニは袋の表示通りにゆでる。ハムは1cm四方に切る。きゅうり、セロリは薄切りにし、ゆで卵は粗めに崩す。
2 ボウルにAと1を加えて混ぜ、塩、こしょうで味をととのえる。

ラクテク
マカロニをゆでている間に、他の材料を切れば時短に！ プレーンヨーグルトを使うことで、マヨネーズの量を減らすことができ、カロリーを抑えられます。

★サブおかず

洋風だし巻き卵

[159kcal／7min]

・材料(1～2人分)

卵…2個
コンソメスープの素(顆粒)…小さじ⅓
牛乳…大さじ2
オリーブオイル…小さじ1

作り方

1 ボウルに卵、コンソメスープの素、牛乳を入れ、よく混ぜる。
2 卵焼き器にオリーブオイルを熱し、1を入れてかき混ぜ、スクランブルエッグ状になったら、ふわっと巻きながら卵焼きの形に整える。
3 2が冷めたら、お好みの大きさに切る。

★女子弁当 BEST 3!

韓国風から揚げ弁当

コチュジャンの甘辛ダレを絡めた鶏もも肉のから揚げに、シャキシャキの食感を残した玉ねぎと桜えびを合わせたしっかり味のチヂミ、彩りよい野菜のナムルのお弁当！

主食
ごはん200g／
黒炒りごま適量
エネルギー 345kcal

サブおかず
玉ねぎと桜えびのチヂミ
玉ねぎの甘みと桜えびの香ばしさが美味！別添えのタレでごはんも進みます。

たまにはがっつり！

サブおかず
3色ナムル
さっぱりとしたナムルは彩りのバランスよく、お弁当に盛りつけて。

メインおかず
鶏もも肉の韓国風から揚げ
コチュジャンの甘辛の風味が味覚を刺激し、食欲がそそられるから揚げに。

調理時間 25 min
総エネルギー 820 kcal

Time Schedule

	0	5	10	15	20	25
● 鶏もも肉の韓国風から揚げ	鶏肉の下準備＆タレを作る			揚げて、タレを絡める		
● 玉ねぎと桜えびのチヂミ			玉ねぎを切り、材料を混ぜる		焼く	
● 3色ナムル					材料を切り、電子レンジ加熱し、混ぜる	

★メインおかず
鶏もも肉の韓国風から揚げ
[209kcal／10min]

・材料（1人分） 
鶏もも肉…小½枚
塩・こしょう…各少々
A【しょうゆ小さじ½、
　コチュジャン・
　みりん・酢各小さじ1、水大さじ½】
小麦粉…大さじ½
揚げ油…適量

作り方
1 鶏肉は脂を取り除いたらひと口大のそぎ切りにし、ペーパータオルで包んで余分な水けを取り除き、塩、こしょうをふる。
2 耐熱ボウルにAを入れてよく混ぜ、ラップをせずに電子レンジで40秒〜1分加熱し、しっかり混ぜる。
3 1に小麦粉をまぶし、170℃の揚げ油で揚げ、2に入れて絡める。

ラクテク 小麦粉をまぶして揚げた鶏肉に、自家製韓国風ダレを絡めれば完成。コチュジャンなどの調味料をそろえておくと、味つけのマンネリ防止になります。

詰め方Point！ タレは別容器に入れて持っていく
チヂミのタレは、ふたつきのプラスチックカップに入れて持ち運べば、食べるときにつけて食べられるので、チヂミに味がつきすぎたり、他のおかずに味が移らずに便利です。

★サブおかず
玉ねぎと桜えびのチヂミ
[246kcal／10min]

・材料（1人分） 
玉ねぎ…¼個
桜えび（乾燥）…3g
A【小麦粉大さじ3、片栗粉大さじ1、
　コンソメスープの素（顆粒）
　　小さじ⅓、溶き卵½個分、水大さじ2〜2½】
ごま油…小さじ1
B【しょうゆ小さじ2、酢小さじ1、砂糖小さじ½、
　一味唐辛子少々】

作り方
1 玉ねぎは5mm幅のくし形切りにする。
2 ボウルに1、桜えび、Aを入れ、混ぜる。
3 フライパンにごま油を熱し、2をひと口大ずつ入れて両面色よく焼く。
4 Bはしっかりと混ぜ、別の容器に入れる。

★サブおかず
3色ナムル
[20kcal／5min]

・材料（1〜2人分） 
にんじん…⅙本
春菊…1本
もやし…⅙袋
鶏がらスープの素（顆粒）…小さじ⅓
酒…大さじ½
ごま油…小さじ⅓
こしょう…少々

作り方
1 にんじんはスライサーで細いせん切りにする。春菊は4cm幅に切る。
2 耐熱ボウルに1、もやしを入れ、鶏がらスープの素、酒を回しかけ、ふんわりとラップをして電子レンジで2分加熱し、そのまま1分ほどおく。
3 2にごま油、こしょうを加えて混ぜる。

ラクテク にんじん、もやし、春菊の彩り野菜を使ったナムルは、お弁当がパッと明るくなります。鶏がらスープの素を使えば、簡単に味が決まります。

Part 1 人気弁当BEST5 女子弁当

★女子弁当 BEST 4!

えびのすり身揚げ弁当

むきえびとはんぺんで作るぷりっとしたふんわりフライ。人気の生春巻きにはコクのあるピーナッツダレを添えます。にんじんと大根の和え物を組み合わせたエスニック風弁当です。

メインおかず
えびのすり身揚げ
えびのぷりっとした食感と粗く刻んだはんぺんの食感がベストマッチ!

主食
ごはん200g／
白炒りごま適量
エネルギー　345kcal

サブおかず
生春巻きサラダ
生春巻きの皮は水ですぐに戻せるから、忙しい朝も◎

サブおかず
エスニックなます
スイートチリソースで、コクと風味を豊かにしたなますです。

おしゃれなエスニック風

調理時間 20 min
総エネルギー 669 kcal

Time Schedule

	0	5	10	15	20	25
● えびのすり身揚げ		たねを作り、成形する		パン粉をまぶし、揚げる		
● 生春巻きサラダ			春雨を戻す	生春巻きの皮を戻し、具材を巻く＆Aを作る		
● エスニックなます		野菜の下準備	和える			

★メインおかず
えびのすり身揚げ
[184kcal／10min]

・材料（1～2人分）
むきえび…50g
はんぺん…½枚(50g)
長ねぎ（みじん切り）…大さじ1
しょうが（すりおろし）…小さじ½
酒…小さじ1
片栗粉…大さじ1
パン粉…適量
ごま油・揚げ油…各適量

作り方
1 えび、はんぺんは粗く刻む。
2 保存袋に1、長ねぎ、しょうが、酒、片栗粉を入れてもみ込みながらしっかり混ぜる。4等分にし、手にごま油少量をつけ、平たい丸に成形する。
3 2にパン粉をまぶし、170℃の揚げ油で揚げる。

詰め方Point!
おかずは必ず粗熱をとってから詰める
えびのすり身揚げは、しっかりと粗熱をとってから詰めましょう。温かいうちに詰めると、水滴が出てきて、傷みやすくなったり、衣がベチャッとなってしまいます。

★サブおかず
生春巻きサラダ
[119kcal／10min]

・材料（1～2人分）
ゆでえび…3尾
春雨（乾燥）…5g
グリーンリーフ…1枚
青じそ…2枚
生春巻きの皮…1枚
塩・こしょう…各適量
A【ピーナッツバター（加糖）大さじ½、ナンプラー・はちみつ各小さじ½、レモン汁小さじ⅔】

作り方
1 春雨は熱湯でゆでて戻し、水けをしっかりきる。
2 生春巻きの皮は水で戻し、グリーンリーフ、青じそ、春雨、えびをのせて塩、こしょうを軽くふり、端から巻く。
3 2をラップに包み、お好みの大きさに切る。Aはしっかりと混ぜ、弁当箱とは別の容器に入れる。

ラクテク
用意した具材を巻くだけで完成するので簡単なうえ、見栄えも◎。生春巻きの皮は、水にさっとつけるだけで戻せるので、忙しい朝でも時間をとりません。

★サブおかず
エスニックなます
[21kcal／7min]

・材料（1～2人分）
にんじん…10～15g
大根…⅒本
バターピーナッツ（砕く）
　…小さじ1
塩…少々
A【スイートチリソース小さじ½、ナンプラー小さじ⅓】

作り方
1 にんじん、大根はスライサーでせん切りにし、塩をふって混ぜ、しんなりさせる。
2 ボウルに水けをしっかりと絞った1、バターピーナッツ、Aを入れ、和える。

Part 1 人気弁当BEST5 女子弁当

★女子弁当 BEST 5！

カラフルベーコンバーグ弁当

ミックスベジタブルを使って野菜を刻む手間なしのお手軽ハンバーグに、塩味をつけた
ミニサイズのかき揚げの組み合わせ。彩りよい紫キャベツはさっぱり甘みのあるマリネに。

ハンバーグ
とかき揚げで
デラックス！

サブおかず
えびとコーンのかき揚げ
えびのぷりぷりと、コーン
のつぶつぶ食感が楽しいお
かずです。

サブおかず
紫キャベツと
レーズンのマリネ
シャキシャキ食感と発
色のいい紫キャベツで
お弁当が華やかに。

主食
ごはん200g／
ふりかけ適量
エネルギー　345kcal

メインおかず
カラフル
ベーコンバーグ
ミックスベジタブルの
彩りと、肉巻き姿がか
わいいハンバーグ。

調理時間 **20** min

総エネルギー **870** kcal

⏱ Time Schedule

	0	5	10	15	20	25
● カラフルベーコンバーグ		肉だねを作り、成形し、ベーコンを巻く	焼く			
● えびとコーンのかき揚げ				材料を混ぜ、揚げる		
● 紫キャベツとレーズンのマリネ	キャベツを切り、他の材料と和える	マリネ液を作る	もみ込む			

★メインおかず
カラフルベーコンバーグ
[265kcal／15min]

- 材料（1～2人分）
- A【合いびき肉60g、溶き卵大さじ1、パン粉大さじ2、トマトケチャップ大さじ½、コンソメスープの素（顆粒）小さじ⅓】
- ミックスベジタブル…40g
- スライスベーコン…2枚
- サラダ油…小さじ1

作り方
1. ボウルにAを入れてよく混ぜ、ミックスベジタブルを加えてさらに混ぜる。4等分にし、平たい丸に成形する。
2. ベーコンは縦半分に切り、1に巻いて爪楊枝でとめる。
3. フライパンにサラダ油を熱し、2を片面に焼き色がつくまで焼き、ひっくり返してふたをし、弱火にして3分ほど焼く。

ミックスベジタブルを使えば、野菜を刻む手間が省けるので、朝のお弁当作りにおすすめです。数種類の野菜が入っているから、彩りもアップ。

詰め方Point!
ピックなどの小物を使うと楽しい雰囲気のお弁当に！
ベーコンバーグは、詰めるときに、爪楊枝からかわいいピックに差し替えてもOK！ お弁当がいっきに明るい雰囲気になります。紫キャベツのマリネをすき間に詰めると、おしゃれな印象に。

★サブおかず
えびとコーンのかき揚げ
[224kcal／10min]

- 材料（1～2人分）
- ゆで小えび…50g
- コーン缶…50g
- パセリ（粗みじん切り）…少々
- 天ぷら粉…大さじ2～3
- 塩…少々
- 揚げ油…適量

作り方
1. ボウルに小えび、水けをきったコーン、パセリ、天ぷら粉、水大さじ2～3を入れ、和える。
2. スプーンを使って1を2cmくらいの丸に成形し、170℃の揚げ油で揚げる。
3. 2に塩をふる。

ボウルに材料を入れて混ぜたら、小さい丸に成形して揚げるだけ！ ひと口サイズなので、揚げ時間も短く、すぐに作れます。

★サブおかず
紫キャベツとレーズンのマリネ
[36kcal／10min]

- 材料（1～2人分）
- 紫キャベツ…100g
- レーズン…大さじ½
- 塩…少々
- A【酢小さじ1、白ワイン小さじ½、砂糖小さじ⅓、コンソメスープの素（顆粒）小さじ¼、こしょう少々、オリーブオイル小さじ⅓】

作り方
1. 紫キャベツはせん切りにしてボウルに入れ、レーズン、塩を加えて和え、しんなりさせる。
2. 耐熱ボウルにAを入れ、ラップをせずに電子レンジで加熱して沸騰させ、粗熱をとる。
3. 1の水けをしっかり絞り、2に入れてしっかりもみ込み、5分以上おく。

47

Column

おにぎりバリエ

塩ごはんの作り方
温かいごはんに0.5%量の塩を加え、混ぜる。

定番おにぎりも形や具材、のりの巻き方でバリエーションは無限大!
おにぎりに具材をたっぷり加えれば、それだけで贅沢弁当に。
状況に合わせてアレンジしてみましょう。

2個分 540kcal　調理時間 15min

鮭はみりんをまぶしてふんわり焼き上げる!
焼き鮭おにぎり

材料（2個分）
温かい塩ごはん…200g
甘塩鮭（切り身）…1切れ
みりん…大さじ1
焼きのり…1/4枚

作り方
1 鮭はみりんをまぶし、魚焼きグリルにのせ、両面焼く。
2 1は皮と骨を取り除いて大きめにほぐし、飾り用に少量とっておく。
3 塩ごはんを2等分にし、2の半量を具にして三角形ににぎる。飾り用にとっておいた2を密着するように上にのせ、半分に切った焼きのりを巻く。

たらこの皮に所々穴をあけて焼き上げるのがコツ
焼きたらこおにぎり

材料（2個分）
温かい塩ごはん…200g
たらこ…1腹
焼きのり…1/4枚

作り方
1 たらこは爪楊枝で数カ所穴をあけ、4等分に切り、アルミホイルで包んで魚焼きグリルにのせ、10分ほど焼く。
2 1は飾り用に少量とっておく。
3 塩ごはんを2等分にし、たらこを2個ずつ具にして三角形ににぎる。飾り用にとっておいた2を密着するように上にのせ、半分に切った焼きのりを巻く。

2個分 428kcal　調理時間 15min

定番のツナマヨに万能ねぎを加えて風味よく
ツナマヨおにぎり

材料（2個分）
温かい塩ごはん…200g
ツナ缶…小1/2缶
A【マヨネーズ・万能ねぎ（小口切り）各大さじ1、しょうゆ小さじ1/2】
焼きのり　1/4枚

作り方
1 ボウルに油をしっかりきったツナ、Aを入れ、よく混ぜる。
2 塩ごはんを2等分にして平らな丸形ににぎり、中央をへこませ、1を半量ずつのせる。
3 2の側面に半分に切った焼きのりを1枚ずつ巻く。

2個分 518kcal　調理時間 5min

ケチャップライスに炒り卵を合わせた洋風にぎり

トマ玉おにぎり

2個分 678 kcal / 調理時間 15 min

材料（2個分）
A【ごはん200g、粗びきウインナー2本、ミックスベジタブル・トマトケチャップ各大さじ2、コンソメスープの素（顆粒）小さじ1/3】
B【卵1個、マヨネーズ大さじ1、塩少々】

作り方
1 ボウルにBを入れてよく混ぜ、フッ素樹脂加工のフライパンで油をひかずに炒り卵を作る。
2 Aのウインナーは輪切りにする。耐熱ボウルにAを入れ、ふんわりとラップをして電子レンジで3〜4分加熱する。
3 2に1を加えてよく混ぜ、2等分にして三角形ににぎる。

2個分 379 kcal / 調理時間 5 min

刻んだカリカリ梅にかつおとごま風味がよく合う

カリカリかつお梅おにぎり

材料（2個分）
温かいごはん…200g
カリカリ梅（粗みじん切り）…大さじ2
かつお節…2g
白炒りごま…小さじ1
焼きのり…1/2枚

作り方
1 ボウルにごはん、カリカリ梅、かつお節、白炒りごまを入れて混ぜる。
2 1を2等分にして平たい丸形ににぎり、縦6等分に切った焼きのりを、3枚ずつ手まりのように巻く。

2個分 491 kcal / 調理時間 10 min

コーン入りごはんにカリカリベーコンが合う

ベーコーンおにぎり

材料（2個分）
A【温かいごはん200g、コーン缶大さじ2、しょうゆ小さじ1、こしょう少々】
スライスベーコン…2枚
片栗粉…適量

作り方
1 ボウルにAを入れてよく混ぜ、2等分にして俵形ににぎる。
2 1にベーコンを1枚ずつ巻き、巻き終わりに片栗粉をまぶす。
3 オーブントースターの天板にシリコーン樹脂加工のアルミホイル（P138参照）をしき、2の巻き終わりを下にしておき、3〜5分焼く。

青じそとごまのごはんに豚肉を巻いた一品
肉巻きおにぎり

材料（2個分）
温かい塩ごはん…200g
豚肩ロース肉
（しゃぶしゃぶ用）…6〜8枚
青じそ（せん切り）…3枚分
白炒りごま…小さじ1
塩・こしょう…各少々
小麦粉…大さじ1
めんつゆ（ストレート）
　…大さじ2

作り方
1 ボウルに塩ごはん、青じそ、白炒りごまを入れて混ぜ、2等分にして俵形ににぎる。
2 1に塩、こしょうをまぶした豚肉を3〜4枚ずつしっかり巻いて包み、小麦粉をまぶす。
3 フッ素樹脂加工のフライパンに油をひかず、2の巻き終わりを下にして入れ、全面を焼いたら、ふたをして弱火にし、5分ほど焼く。ふたを取り、めんつゆを加え、強火にして絡める。

2個分 708kcal　調理時間 20min

青のり入りのちくわの天ぷらで経済的！
ちくわ天むす

材料（小さめ3個分）
温かい塩ごはん…200g
ちくわ…1本
天ぷら粉…大さじ2
青のり…小さじ1/3
めんつゆ（3倍濃縮）
　…大さじ1
焼きのり…1/3枚
揚げ油…適量

作り方
1 ちくわは斜め3等分に切る。
2 ボウルに天ぷら粉、青のり、水大さじ2 1/2を入れて混ぜ、1をくぐらせ、170℃の揚げ油で揚げ、めんつゆを絡める。
3 塩ごはんを3等分にし、ちくわが上から出るように小さめの三角形ににぎり、まわりに3等分に切った焼きのりを巻く。

3個分 480kcal　調理時間 15min

しっかり味の牛肉と
野菜炒めを巻いた韓国風
キンパ

材料（1本分）
温かい塩ごはん…200g
牛切り落とし肉…50g
パプリカ（赤・黄）
　…各1/2個
サラダ菜…3枚
焼きのり…1枚
塩・こしょう…各適量
A【めんつゆ（3倍濃縮）大さじ1/2、にんにく（すりおろし）小さじ1/4、りんごジャム大さじ1】
サラダ油…小さじ1
ごま油…小さじ1/3

作り方
1 牛肉は塩、こしょうで下味をつけ、Aをもみ込み、サラダ油を熱したフライパンで、水分を飛ばすように炒め絡める。パプリカはヘタと種を取り除いて細切りにし、塩少々で和え、しんなりしたら水けをしっかり絞る。
2 塩ごはんはごま油と混ぜ合わせる。
3 巻きすに焼きのりをのせて2を広げ、手前側にサラダ菜、1を順にのせ、手で具を押さえながら手前から巻き、お好みの太さに切る。

1本分 587kcal　調理時間 20min

50

Part 2

朝詰めるだけ &
時短のお弁当
【メインおかず】

肉、魚介、豆・豆腐、卵を使ったメインおかずを紹介します。
朝詰めるだけで OK の作りおきおかず & 朝簡単に作れる
朝ラクおかずがあれば、毎日のお弁当作りがグンとラクになるはず!

詰めるだけ！ガッツリ男子弁当 ❶

牛肉オイスターソース炒め弁当

男子がよろこぶうまみたっぷりの牛肉炒めに、赤や緑の彩り豊かな野菜を合わせました。
栄養バランスもよく、目でも楽しめるお弁当です。

時間がたつほど美味しくなる！

○ **サブおかず**

ブロッコリーとツナのサラダ ▶▶P117

[コツ] お弁当の彩りにとても便利なブロッコリーは、しっかりと水けをきることで味がよくなじみます。[100kcal]

○ **主食**

ごはん280g＋黒炒りごま適量
479kcal

○ **サブおかず**

メープル大学いも
▶▶P110

[コツ] メープルシロップで照りよく、体にやさしい甘さの一品。押し込めず、すき間にそっと積むように盛ると◎。[122kcal]

○ **メインおかず**

牛肉と赤パプリカのオイスターソース炒め ▶▶P65

[コツ] 牛肉のうまみとパプリカの酸味が相性ばっちりのおかずです。冷まして味がなじんだら彩りよく並べて。[363kcal]

総エネルギー
1064 kcal

朝ラクのサブおかずと組み合わせてもOK！

かぼちゃのハーブロースト
▶▶P115

屋台の焼きとうもろこし
▶▶P115

ピーマンとちくわの和え物
▶▶P121

味つけ濃いめのメインおかずには、やさしい甘みのあるかぼちゃや、とうもろこしのおかずがよく合います。

詰めるだけ！ガッツリ男子弁当 ❷

ポークソテー弁当

ボリューム感のある豚肉とさわやかなレモンの酸味がアクセントのおかずが
ごはんにのったお弁当。野菜たっぷりの作りおきおかずを合わせました。

ボリューミーな華やか弁当！

メインおかず
ポークソテー ▶▶P62
[コツ] 食べやすく切ってもいいですが、そのままどーんとのせると見た目が華やかになります。[171kcal]

主食
ごはん280g
470kcal

サブおかず
赤パプリカとベーコンのオイスターソース炒め ▶▶P104
[コツ] 盛りつけるときは赤パプリカを上にすると彩りもよく、ジューシー感が引き立ちます。[54kcal]

サブおかず
いんげんと生ハムの春巻き ▶▶P115
[コツ] 斜め半分に切り、切り口を見せるように盛りつけると立体的になって、見栄えもバッチリ！[114kcal]

サブおかず
ポテトサラダ ▶▶P128
[コツ] サラダは傷みやすいので、お弁当の粗熱がとれたあと、最後に詰めるのがおすすめです。[129kcal]

総エネルギー
938kcal

朝ラクのサブおかずと組み合わせてもOK！

にんじんとウインナーのスパイシー炒め風
▶▶P109

ブロッコリーとカマンベールのハーブロースト
▶▶P120

たらもサラダ
▶▶P133

食べごたえのあるポークソテーには、にんじんやブロッコリーなど彩りがきれいな野菜のおかずをプラスして。

詰めるだけ！ガッツリ男子弁当 ❸

ロールカツ弁当

ロールカツとかき揚げが入った、揚げものメインのボリューム満点弁当！
和風の味つけがほっこりするじゃがいもの牛そぼろ煮も合わせれば、男子もよろこびます。

総エネルギー **1094 kcal**

食欲旺盛な男子がよろこぶ！

○ サブおかず
じゃがいもの牛そぼろ煮 ▶▶P122

[コツ] 味がよく染み込んだ、和風の味つけがほっと落ち着くおかずです。じゃがいもで腹持ちもアップ。[118kcal]

○ 主食
ごはん280g＋
カリカリ梅1個＋
黒炒りごま適量
482kcal

○ サブおかず
ブロッコリーとベーコンのガーリック炒め ▶▶P117

[コツ] 揚げもので茶色が多くなりがちなお弁当に、ブロッコリーで彩りをプラス。ガーリック風味があとを引きます。[52kcal]

○ メインおかず
ロールカツ ▶▶P62

[コツ] パプリカとアスパラを巻いているから、切って断面を見せるように盛りつけると、彩りもよく華やかな印象に。[356kcal]

○ サブおかず
にんじんとさつまいものかき揚げ ▶▶P104

[コツ] すき間に詰めることでお弁当の片寄り防止にもなります。彩りも良く、食感も楽しいかき揚げ！[86kcal]

朝ラクのサブおかずと組み合わせてもOK！

にんじんの
しりしり
▶▶P109

じゃがいものカレー
ベーコン巻き
▶▶P114

小松菜と
桜えびのナムル
▶▶P120

揚げ物がメインのおかずには、ナムルなどの和え物を合わせると、箸休めにもなるのでおすすめ。

詰めるだけ！ガッツリ男子弁当 ❹

鶏肉のバターしょうゆ炒め弁当

食欲をそそられること間違いなしの、バターしょうゆの香りとコクが決め手のお弁当。
さっぱりめのサブおかずには中華風とエスニック風のおかずを合わせました。

○ 主食
ごはん280g＋
白炒りごま適量
479kcal

○ サブおかず
赤パプリカとハムの
中華風和え物 ▶▶P105

[コツ] パプリカの赤とハム
のピンクで、お弁当を明るい
雰囲気に。ごまの風味が香る
一品です。[52kcal]

バター
じょうゆが
たまらない！

サブおかず
アスパラのエスニック
煮浸し ▶▶P116

[コツ] ナンプラーの味つけ
がくせになる一品。アスパラ
のきれいな緑で、お弁当に彩
りをプラスします。[9kcal]

メインおかず
鶏もも肉のバター
しょうゆ炒め ▶▶P58

[コツ] 鶏もも肉は皮目を上
にして詰めると見た目がきれ
いに。コーンをバランスよく
配置すると彩りもよくなりま
す。[316kcal]

総エネルギー
856 kcal

朝ラクのサブおかずと組み合わせてもOK！

赤パプリカと
もやしのナムル
▶▶P108

ズッキーニの
ピザ
▶▶P121

しいたけの
ツナマヨ焼き
▶▶P126

赤パプリカのサブおか
ずで彩りアップ。鶏肉
メインのおかずには、
チーズやツナなどのコ
クのあるおかずも◎。

55

詰めるだけ！ガッツリ男子弁当 ❺

鶏つくね弁当

男子がよろこぶボリューム感あるお弁当は、茶色が多めになりがち。そんなときはごはんにかけるふりかけで色味を加えると、彩りのよさを演出できます。

お好みのふりかけで彩りアップ

サブおかず
ほうれん草と豚バラのからし炒め ▶▶P118

[コツ] 豚のうまみとからしの風味がアクセント。汁けをよくきってから、ほうれん草を上にして詰めるときれいです。[88kcal]

サブおかず
かぼちゃのコロッケ ▶▶P110

[コツ] ベーコンと玉ねぎのうまみがぎゅっとつまったやさしい味のコロッケ。押し込めずそっと並べるように詰めて。[109kcal]

メインおかず
鶏つくね ▶▶P66

[コツ] 食べ盛りの男子弁当には、鶏つくねを3個入れて、ガッツリ度をアップ。食べごたえのあるお弁当に。[153kcal]

主食
ごはん280g＋ふりかけ適量 488kcal

総エネルギー **838 kcal**

朝ラクのサブおかずと組み合わせてもOK！

ミニトマトとツナのごまマヨ和え
▶▶P108

黄パプリカと豚バラのガーリック炒め風
▶▶P115

なすのチーズ焼き
▶▶P127

つくねのメインおかずに、豚バラのガーリック炒めのサブおかずを合わせて、ボリューム満点のお弁当にしても。

詰めるだけ！ガッツリ男子弁当 ⑥

韓国風手羽から弁当

甘辛ダレがクセになる手羽からをどーんと入れ、もちもち食感やあと引く味つけのサブおかずを選べば、腹ぺこ男子の味覚を刺激するお弁当の出来上がり。

メインおかず

韓国風手羽から ▶▶P58

[コツ] サクッとジューシーな手羽からは、大ぶりなものを選んで入れるとボリューム感も出て、見ためのバランスも◎。[202kcal]

サブおかず

小松菜のガーリックしょうゆ炒め ▶▶P117

[コツ] 小松菜にごま油の味がよくなじみ、ほんのり香るガーリックが美味。野菜をもりもり食べてもらえる一品です。[15kcal]

サブおかず

いもバターもち ▶▶P122

[コツ] 混ぜて焼くだけのお手軽な一品！ もっちり感がおいしいので、潰さないようすき間にそっと重ねるように詰めて。[134kcal]

主食

ごはん280g＋カリカリ梅1個＋黒炒りごま適量
482kcal

個性派おかずとごまごはん弁当

総エネルギー **833kcal**

朝ラクのサブおかずと組み合わせてもOK！

 バターコーン ▶▶P114

 アスパラとベーコンのカレーロースト ▶▶P120

 玉ねぎと桜えびのナムル ▶▶P132

手羽からのメインおかずには、野菜多めのサブおかずを合わせて。カルシウム豊富な桜えびのおかずもおすすめ。

メインおかず　作りおきおかず　●鶏肉

311 kcal（1回分）／冷蔵4日／冷凍2週間

冷めてもおいしい！　オイスターソースが隠し味

から揚げ

材料（6回分）
鶏もも肉…小3枚
塩…小さじ1½
こしょう…適量
A【しょうゆ大さじ1½、オイスターソース大さじ½、酒大さじ1、砂糖・にんにく（すりおろし）各小さじ1、片栗粉大さじ4、溶き卵½個分】
小麦粉…大さじ3
揚げ油…適量

作り方
1　鶏肉は身の厚い部分に包丁を入れて厚みを均等にし、1枚を6等分に切ったら、ペーパータオルで包んで余分な脂と水けを取り除く。塩、こしょうをふり、**A**をしっかりもみ込み、15分ほどおく。
2　**1**に小麦粉をまぶし、170℃の揚げ油で揚げる。

316 kcal（1回分）／冷蔵4日／冷凍2週間

香ばしさとコーンの甘味で食欲そそる炒め物

鶏もも肉のバターしょうゆ炒め

材料（6回分）
鶏もも肉…小3枚
コーン缶…1缶（120g）
塩・こしょう…各適量
小麦粉…適量
にんにく（薄切り）…1かけ分
A【バター20g、しょうゆ大さじ1½、酒・レモン汁各大さじ1、砂糖小さじ1】
サラダ油…大さじ½

作り方
1　鶏肉は身の厚い部分に包丁を入れて厚みを均等にし、1枚を6等分に切り、ペーパータオルで包んで余分な脂と水けを取り除く。塩、こしょうをふり、小麦粉を薄くまぶす。
2　フライパンにサラダ油を入れて熱し、**1**を皮目から焼き、両面火が通るまで焼く。
3　**2**に水けをきったコーン、にんにく、**A**を加え、強火で炒め絡める。

202 kcal（1回分）／冷蔵4日／冷凍2週間

サクッとジューシー！　甘辛ダレがクセになる

韓国風手羽から

材料（6回分）
鶏手羽先…12本
塩…小さじ½
こしょう…小さじ⅓
小麦粉…大さじ3
A【しょうゆ・コチュジャン・酢・白炒りごま各大さじ1】
揚げ油…適量

作り方
1　手羽先は先の部分を切り落とし、ペーパータオルに包んで余分な脂と水けを取り除き、塩、こしょうをふり、小麦粉を薄くまぶす。
2　ボウルに**A**を入れてよく混ぜる。
3　**1**を170℃の揚げ油でカリッと揚げ、そのまま**2**に入れて絡める。

良質なタンパク質を含み、低カロリーな鶏肉。むね、もも、手羽と、部位によっても違う味わいがあり、さまざまな調理法で、作りおきのバリエーションが楽しめます。

タンパク質 ビタミンA ビタミンB₂

Part 2 メインおかず 鶏肉

鶏むね肉でヘルシー！ タルタルソースを添えて
チキン南蛮

材料（6回分）
- 鶏むね肉…2枚
- 塩・こしょう…各適量
- A【ポン酢しょうゆ大さじ1½、にんにく・しょうが（すりおろし）各小さじ1、溶き卵½個分】
- 片栗粉…大さじ4
- B【ポン酢しょうゆ大さじ2、水大さじ1】
- 揚げ油…適量

作り方
1. 鶏肉は1枚を9等分のそぎ切りにし、塩、こしょうをふり、Aをもみ込み片栗粉をまぶす。
2. Bを耐熱ボウルに入れ電子レンジで30～40秒加熱する。
3. 1を170℃の揚げ油で揚げ2に絡める。

タルタルソースの材料と作り方
ゆで卵（粗みじん切り）1個分、マヨネーズ大さじ3、白すりごま大さじ2、玉ねぎ（みじん切り）大さじ1、塩・こしょう各少々、万能ねぎ（小口切り）2本分を混ぜ合わせ、別の保存容器に入れて保存する。

1回分 171 kcal ／ 冷蔵 4日 ／ 冷凍 2週間

ケチャップとソースでできるお手軽トマト煮
チキンのトマト煮

材料（6回分）
- 鶏もも肉…小3枚
- 玉ねぎ…½個
- 塩…小さじ1½
- こしょう…適量
- 小麦粉…大さじ2
- A【トマトケチャップ大さじ4、中濃ソース大さじ2、コンソメスープの素（顆粒）小さじ⅔、水大さじ1】
- バター…10g
- サラダ油…大さじ½

作り方
1. 鶏肉は身の厚い部分に包丁を入れて厚みを均等にし、ひと口大に切ったら、ペーパータオルで包んで余分な脂と水けを取り除き、塩、こしょうをふり、小麦粉をまぶす。玉ねぎは薄切りにする。
2. フライパンにサラダ油を熱し、1の鶏肉を皮目から焼き、焼き色がついたらひっくり返して玉ねぎを加えて炒め、余分な脂が出たらペーパータオルで取り除く。
3. 2に混ぜ合わせたAを加えて煮詰め、バターを加えて混ぜる。

1回分 303 kcal ／ 冷蔵 4日 ／ 冷凍 2週間

ケチャップと酢で炒めたヘルシー炒め
酢鶏

材料（6回分）
- 鶏もも肉…小3枚
- にんじん…1本
- 玉ねぎ…1個
- ピーマン…3個
- 塩・こしょう…各少々
- 片栗粉…大さじ1
- A【トマトケチャップ大さじ5、酢大さじ2、砂糖・しょうゆ各大さじ1、鶏がらスープの素（顆粒）小さじ1】
- サラダ油…大さじ½

作り方
1. 鶏肉は身の厚い部分に包丁を入れて厚みを均等にし、ひと口大に切ったら、ペーパータオルで包んで余分な脂と水けを取り除き、塩、こしょうをふり、片栗粉をまぶす。野菜は食べやすいようにひと口大の乱切りにする。
2. フライパンにサラダ油を熱し、鶏肉を皮目から焼き、8割方火が通ったら野菜を加えて炒める。
3. 全体に火が通ったら、混ぜ合わせたAを加え、強火で絡める。

1回分 305 kcal ／ 冷蔵 3日 ／ 冷凍 2週間

59

メインおかず　作りおきおかず　●鶏肉

1回分 289 kcal ／ 冷蔵 4日 ／ 冷凍 2週間

青のりの風味広がる、ふんわり＆しっとり天ぷら

鶏天

材料（6回分）
- 鶏むね肉…2枚
- A【薄口しょうゆ大さじ2、砂糖大さじ½、しょうが・にんにく（すりおろし）各小さじ1、ごま油小さじ1】
- B【天ぷら粉100g、青のり小さじ½】
- C【ポン酢しょうゆ・和風だし汁各大さじ2】
- 揚げ油…適量

作り方
1 鶏肉は1枚を9等分のそぎ切りにし、Aをもみ込む。
2 ボウルにB、水130〜150mlを入れて混ぜ、1をくぐらせ、170℃の揚げ油で揚げる。
3 弁当箱に詰める直前に混ぜ合わせたCを2にかける。

1回分 267 kcal ／ 冷蔵 3日 ／ 冷凍 2週間

八角の香りが本格的な、甘辛照り焼き

中華風鶏照り焼き

材料（6回分）
- 鶏もも肉…小3枚
- ししとう辛子…12個
- 塩・こしょう…各適量
- 小麦粉…大さじ2
- A【香味野菜（長ねぎの青い部分、しょうがなど）適量、しょうゆ大さじ1、砂糖・みりん各大さじ½、八角1個、水100ml】

作り方
1 鶏肉は身の厚い部分に包丁を入れて厚みを均等にし、ひと口大に切ったら、ペーパータオルで包んで余分な脂と水けを取り除く。塩、こしょうをふり、小麦粉をまぶす。ししとう辛子は竹串で穴を2カ所あける。
2 鍋にAと鶏肉を皮目から入れて火にかけ、落としぶたをしてふたをし、5分ほど煮る。ひっくり返してししとう辛子を加え、さらに落としぶたをしてふたをし、5分ほど煮る。
3 煮汁が残っている場合は、強火で煮絡める。

1回分 282 kcal ／ 冷蔵 4日 ／ 冷凍 2週間

由来は山賊が"物を取り上げる"="鶏揚げる"！

鶏もも肉の山賊焼き

材料（6回分）
- 鶏もも肉…小3枚
- 塩・こしょう…各少々
- A【しょうゆ大さじ2、酒大さじ1、酢大さじ½、にんにく（すりおろし）小さじ2、しょうが（すりおろし）小さじ1】
- 片栗粉…大さじ3
- 揚げ油…適量

作り方
1 鶏肉は身の厚い部分に隠し包丁を入れて厚みを均等にし、1枚を6等分に切ったら、ペーパータオルで包んで余分な脂と水けを取り除く。塩、こしょうをふり、混ぜ合わせたAに15分ほど漬ける。
2 1の汁を軽くきって片栗粉をまぶし、170℃の揚げ油で揚げる。

詰めるとき お好みでレモン適量を添えてもおいしい。

ポン酢で作る、さっぱりカリッとジューシーから揚げ
ゆずポンから揚げ

1回分 291 kcal / 冷蔵 4日 / 冷凍 2週間

材料（6回分）
鶏もも肉…小3枚
塩…小さじ1½
こしょう…適量
A【ポン酢しょうゆ・片栗粉各大さじ2、溶き卵大さじ1、しょうが（すりおろし）・塩各小さじ1】
小麦粉…大さじ3
揚げ油…適量

作り方
1 鶏肉は身の厚い部分に包丁を入れて厚みを均等にし、1枚を6等分に切ったら、ペーパータオルで包んで余分な脂と水けを取り除く。塩、こしょうをふり、Aをしっかりもみ込み、15分ほどおく。
2 1に小麦粉をまぶし、170℃の揚げ油で揚げる。

やわらかごぼうを巻いて煮含めた和風鶏煮
チキンごぼうロール

1回分 299 kcal / 冷蔵 3日 / 冷凍 2週間

材料（6回分）
鶏もも肉…小3枚
ごぼう（15cm長さ）…6本
塩…小さじ1½
こしょう…適量
小麦粉…大さじ2
A【和風だし汁200ml、砂糖・しょうゆ各大さじ½】
B【長ねぎ（青い部分）1本分、しょうが（薄切り）2枚、にんにく（薄切り）1かけ分、酒・しょうゆ各大さじ1、砂糖・みりん各大さじ½】

作り方
1 鍋にAを入れて沸騰させ、アク抜きしたごぼうを加えてやわらかくなるまで煮る。煮汁はとっておく。
2 鶏肉は身の厚い部分に包丁を入れて厚みを均等にし、ペーパータオルで包んで余分な脂と水けを取り除く。塩、こしょうをふり、小麦粉をまぶす。皮目を下にしておき、1を2本ずつおいて巻き、たこ糸でしっかり縛る。
3 鍋に2と1の煮汁、Bを入れて火にかけ、沸騰したら落としぶたをして、ひっくり返しながら10分ほど煮、粗熱をとる。
4 3を保存袋にタレごと入れ、空気を抜くように閉じ、冷めるまで漬ける。

生クリームと粒マスタードで作る洋食屋さんの味
チキンクリームソテー

1回分 341 kcal / 冷蔵 3日 / 冷凍 2週間

材料（6回分）
鶏もも肉…小3枚
しめじ…1パック
塩…小さじ1½
こしょう…適量
小麦粉…大さじ2
A【生クリーム100ml、レモン汁大さじ1、粒マスタード大さじ½】
サラダ油…小さじ1

作り方
1 鶏肉は身の厚い部分に包丁を入れて厚みを均等にし、ひと口大に切ったら、キッチンペーパーで包んで余分な脂と水けを取り除く。塩、こしょうをふり、小麦粉をまぶす。しめじは石づきを切り落としてほぐす。
2 フライパンにサラダ油を熱し、鶏肉を皮目から焼き、焼き色がついたらひっくり返してしめじを加え、焼く。余分な脂は、ペーパータオルで取り除く。
3 2にAを加え、煮詰める。

メインおかず ｜ 作りおきおかず ●豚肉

1回分 356 kcal
冷蔵 3日 / 冷凍 2週間

アスパラとパプリカを巻いたヘルシーカツ

ロールカツ

材料（6回分）
豚肩ロース薄切り肉…24枚
グリーンアスパラガス…6本
パプリカ(赤)…½個
塩・こしょう…各適量
粒マスタード…小さじ3
小麦粉・溶き卵・パン粉
　…各適量
揚げ油…適量

作り方
1 アスパラは下のかたい部分を切り落とし半分の長さに切る。パプリカはヘタと種を取り除き、縦12等分に切る。
2 上下に2枚重ねた豚肉を横にもう一組重ね、塩、こしょうをふり、粒マスタードを塗る。1をそれぞれ2本ずつ縦にのせてしっかり巻く。同様に6個作る。
3 2に小麦粉、溶き卵、パン粉を順につけ、170℃の揚げ油で揚げる。

詰めるとき　3等分に切り、切り口を見せる。片面にウスターソース適量をつけてもおいしい。

1回分 171 kcal
冷蔵 3日 / 冷凍 2週間

レモンとドライハーブが香る、おしゃれおかず

ポークソテー

材料（6回分）
豚ロース肉(とんかつ用)…6枚
レモン(薄切り)…6枚
塩…適量
ドライハーブミックス…適量
小麦粉…適量
にんにく…2かけ
赤唐辛子(種を取る)…1本分
白ワイン…大さじ1
オリーブオイル…大さじ1

作り方
1 豚肉は筋を切り、塩、ドライハーブミックスをふり、小麦粉を薄くまぶす。にんにくは芽を取り除き、つぶす。
2 フライパンにオリーブオイル、にんにく、赤唐辛子を入れて熱し、香りが出たら豚肉を加えて片面に焼き色がつくまで焼く。ひっくり返してレモンを加え、白ワインを回しかけて弱火にし、ふたをして3～5分ほど焼く。豚肉とレモンを一度取り出し、フライパンに残った肉汁を煮詰め、豚肉とレモンを戻し入れて絡める。

詰めるとき　食べやすい大きさのそぎ切りにしても。

1回分 138 kcal
冷蔵 4日 / 冷凍 2週間

ヒレ肉をしょうゆダレに漬け込んで揚げるだけ

豚肉の竜田揚げ

材料（6回分）
豚ヒレ肉…400～500g
塩・こしょう…各適量
A【しょうゆ大さじ1½、みりん・砂糖各大さじ1、しょうが・にんにく(すりおろし)各小さじ1】
片栗粉…適量
揚げ油…適量

作り方
1 豚肉は18等分に切り、包丁の背でたたく。塩、こしょうをふり、Aをもみ込む。
2 1の汁けをきり、片栗粉をまぶし、170℃の揚げ油で揚げる。

疲労回復に効果がある、ビタミンB1が豊富な栄養満点の豚肉。巻いたり、揚げたり、そのままどーんと焼いたりと、使い勝手もよくアレンジもしやすいのがうれしい。

Part 2 メインおかず｜豚肉

ソースとマヨネーズの濃厚やわらか豚ヒレ焼き
トンマヨステーキ

1回分 145 kcal／冷蔵4日／冷凍2週間

材料（6回分）
豚ヒレ肉…400〜500g
塩・こしょう…各少々
小麦粉…適量
A【ウスターソース・マヨネーズ各大さじ2、しょうゆ大さじ1½】
サラダ油…大さじ½

作り方
1 豚肉は18等分に切り、包丁の背でたたいて肉をのばし、平らな丸に成形する。塩、こしょうをふり、小麦粉をまぶす。
2 フライパンにサラダ油を熱し、1を入れて両面火が通るまで焼く。
3 2に混ぜ合わせたAを加え、絡める。

いんげんとにんじんも一緒に巻いてヘルシーに
豚肉のチーズロール

1回分 289 kcal／冷蔵3日／冷凍2週間

材料（6回分）
豚肩ロース肉
　（しゃぶしゃぶ用）…24枚
さやいんげん…6本
にんじん…½本
スライスチーズ…6枚
塩…小さじ1½
こしょう…適量
ハーブソルト…適量
片栗粉…大さじ1
小麦粉…大さじ1
サラダ油…大さじ½

作り方
1 いんげんはヘタを切り落とす。にんじんは12等分の長い棒状に切る。チーズは半分に切る。
2 上下に2枚重ねた豚肉を横にもう一組重ね、塩、こしょう、片栗粉をふる。いんげん、にんじんを2本ずつのせたら、両端を2cmあけるようにスライスチーズ2枚を重ねておき、くるくる巻く。全体にハーブソルトを軽くふり、小麦粉をまぶす。同様に6個作る。
3 フライパンにサラダ油を熱し、2をとじ目から焼き、全体に焼き色がついたら、ふたをして弱火で5分ほど加熱する。

バターとケチャップ、ソースでできる、豚肉ソテー
ハッシュポーク

1回分 209 kcal／冷蔵3日／冷凍2週間

材料（6回分）
豚肩ロース肉(しゃぶしゃぶ用)
　…300g
玉ねぎ…1個
マッシュルーム缶(スライス)
　…1缶(固形50g)
塩・こしょう…各少々
小麦粉…大さじ2
バター…30g
A【トマトケチャップ・中濃ソース各大さじ3、白ワイン大さじ1、コンソメスープの素(顆粒)小さじ1、マッシュルーム缶の汁全量】

作り方
1 豚肉は半分に切り、塩、こしょうをふり、小麦粉をまぶす。玉ねぎは1cm幅のくし形切りにする。
2 鍋に半量のバターを熱し、1を入れて炒め、玉ねぎがしんなりしたら、マッシュルーム、A、ひたひたの水を順に加え、水分を飛ばすように煮詰める。
3 2に残りのバターを加え、混ぜる。

メインおかず ｜ 作りおきおかず ●牛肉

1回分 176 kcal　冷蔵3日　冷凍2週間

牛肉のうまみを染み込ませたえのきも絶品！

牛肉とえのきのすき焼き風

材料（6回分）
牛切り落とし肉…300g
長ねぎ…½本
えのきだけ…½袋
赤唐辛子（種を取る）…1本分
A【しょうゆ・酒・みりん・片栗粉各大さじ1】
B【しょうゆ大さじ1½、砂糖・みりん各大さじ1、和風だし汁100ml】
サラダ油…大さじ½

作り方
1 牛肉はAを軽くもみ込む。長ねぎは斜め薄切りにし、えのきだけは根元を切り落とし、食べやすい長さに切る。
2 フライパンにサラダ油を熱し、牛肉を入れて焼き、色が変わったら長ねぎ、えのきだけ、B、赤唐辛子を加え、煮絡める。

1回分 175 kcal　冷蔵4日　冷凍2週間

バター、にんにく、しょうゆでしっかりおいしい！

牛肉のガーリックバター炒め

材料（6回分）
牛切り落とし肉…300g
塩・こしょう…各適量
小麦粉…大さじ½
にんにく（みじん切り）…1かけ分
A【バター20g、しょうゆ大さじ1½、砂糖大さじ1】
サラダ油…大さじ½

作り方
1 牛肉は塩、こしょうをふり、小麦粉をまぶす。
2 フライパンにサラダ油、にんにくを入れて熱し、香りが出たら1を入れて焼き色をつけるように炒め、Aを加えて絡める。

1回分 173 kcal　冷蔵3日　冷凍2週間

冷めてもおいしいごま風味の甘辛韓国風炒め

牛肉と糸こんにゃくのチャプチェ

材料（6回分）
牛もも肉（焼き肉用）…350g
ピーマン…2個
にんじん…½本
きくらげ（戻したもの）…5個
糸こんにゃく（アク抜き）…1袋（200g）
塩・こしょう…各適量
小麦粉…大さじ1
A【しょうゆ大さじ1½、砂糖・酒各大さじ1、にんにく（すりおろし）小さじ½】
白炒りごま…小さじ2
ごま油…大さじ1

作り方
1 牛肉は7mm幅の細切りにし、塩、こしょうをふり、小麦粉をまぶす。ヘタと種を取り除いたピーマン、にんじん、きくらげは細切りにする。糸こんにゃくは水洗いして水けをきり、食べやすい長さに切る。
2 フライパンにごま油を熱し、牛肉を入れて炒め、さらに残りの1を加えて炒める。
3 2に混ぜ合わせたAを加え、強火にして絡め、白炒りごまをふる。

64

タンパク質の他、鉄分や亜鉛が豊富な牛肉は、コクと味わいがあって、お弁当に一品あると豪華な雰囲気を出してくれます。気分をアップさせてくれるような、おかずをご紹介。

Part 2 メインおかず｜牛肉

焼肉用牛肉とパプリカで彩りバッチリ！
牛肉と赤パプリカのオイスターソース炒め

材料（6回分）
牛カルビ肉（焼き肉用）…450〜500g
パプリカ（赤）…1個
にんにく（たたいてつぶす）…1かけ分
赤唐辛子（種を取る）…1本分
塩・こしょう…各適量
小麦粉…適量
A【オイスターソース・砂糖・酒各大さじ1、しょうゆ大さじ½】
サラダ油…大さじ½

作り方
1 牛肉は塩、こしょうをふり、小麦粉をまぶす。パプリカはヘタと種を取り除き、大きめの乱切りにする。
2 フライパンにサラダ油、にんにく、赤唐辛子を入れて熱し、香りが出たら牛肉を加えて片面に焼き色をつけるように炒め、ひっくり返し、パプリカを加えてさらに炒める。
3 2にAを加えて強火にし、絡める。

1回分 363kcal / 冷蔵3日 / 冷凍2週間

セロリの食感が魅力の甘辛牛しゃぶ風
牛肉とセロリのエスニックサラダ

材料（6回分）
牛肩ロース薄切り肉…300g
セロリ…1本
塩・こしょう…各適量
片栗粉…大さじ1
A【ナンプラー大さじ1½、スイートチリソース・レモン汁各大さじ1】

作り方
1 牛肉は塩、こしょうをふり、片栗粉をまぶし、熱湯にくぐらせて火を通す。
2 セロリは斜め薄切りにする。
3 ボウルにAを入れてよく混ぜ、1、2を加えて和える。

1回分 173kcal / 冷蔵3日 / 冷凍2週間

おすすめ！サブおかず
 にんじんのしりしり →P109
  かぼちゃのハーブロースト →P115

みそダレに漬け込んだ牛肉はやわらかジューシー
牛肉のにんにくみそ漬け

材料（6回分）
牛もも肉（ステーキ用）…6枚（各100g）
A【みそ大さじ6、みりん大さじ3、にんにく（すりおろし）小さじ3】

作り方
1 牛肉はペーパータオルで包み、よく混ぜたAを1枚につき、⅙量を塗り、ラップにくるみ、ひと晩おく。
2 1のラップとペーパータオルを取り除き、グリルで両面5分ずつ焼く。

1回分 269kcal / 冷蔵4日 / 冷凍2週間

詰めるとき：斜め薄切りにし、食べやすい大きさに切る。

メインおかず ｜ 作りおきおかず ●ひき肉

1回分 323 kcal　冷蔵3日　冷凍2週間

みじん切りキャベツたっぷりのジューシーメンチ

メンチカツ

材料（6回分）
- A【合いびき肉300g、キャベツ（みじん切り）⅙個分、玉ねぎ（みじん切り）½個分、卵1個、パン粉½カップ、コンソメスープの素（顆粒）小さじ1、塩・こしょう各適量】
- 小麦粉…大さじ1〜2
- B【溶き卵1個、小麦粉大さじ3〜4】
- パン粉…適量
- 揚げ油…適量

作り方
1. ボウルにAを入れてしっかり混ぜ、12等分にして平たい丸に成形し、小麦粉をまぶす。
2. 1によく混ぜ合わせたB、パン粉を順につけ、170℃の揚げ油で揚げる。

1回分 153 kcal　冷蔵4日　冷凍2週間

混ぜて焼くだけ！　野菜は粗みじんで食感よく

鶏つくね

材料（6回分）
- A【鶏ひき肉300g、にんじん（粗みじん切り）1½本分、万能ねぎ（小口切り）5本分、しょうが（みじん切り）1かけ分、片栗粉大さじ3、酒大さじ1、塩・こしょう各適量】
- B【しょうゆ大さじ1、みりん大さじ2】
- サラダ油…大さじ½

作り方
1. ボウルにAを入れてしっかり混ぜ、12等分にして平たい丸に成形する。
2. フライパンにサラダ油を熱し、1を入れて片面に焼き色がつくまで焼き、ひっくり返してふたをし、弱火で3〜4分焼く。
3. 2にBを加え、煮絡める。

1回分 158 kcal　冷蔵3日　冷凍2週間

フライパンで作れる！　豚ひき肉とピーマンの春巻き

揚げ焼き春巻き

材料（6回分）
- 豚ひき肉…100g
- 春雨（乾燥）…10g
- ピーマン…2個
- しょうが（せん切り）…½かけ分
- A【酒・片栗粉各小さじ1、しょうゆ小さじ½、塩・こしょう各少々】
- B【オイスターソース大さじ½、しょうゆ小さじ½】
- 春巻きの皮…小12枚
- 水溶き小麦粉…少々
- サラダ油…大さじ½＋適量

作り方
1. 春雨は熱湯で戻して食べやすい長さに切る。ピーマンはヘタと種を除いて細いせん切りにする。ボウルにひき肉、Aを入れ、しっかり混ぜる。
2. フライパンにサラダ油大さじ½を熱し、しょうが、1のひき肉を炒め、ピーマンと春雨を加えてさらに炒め、Bを加えて水分を飛ばすように炒め、バットに移してラップをせず冷ます。
3. 春巻きの皮で2を½量ずつ包み、巻き終わりに水溶き小麦粉を塗ってとじる。
4. フライパンにサラダ油を多めに入れて170℃に熱し、3をとじ目から入れ、焼き色がついたらひっくり返してさらに揚げ焼きにする。

合いびき、鶏ひき、豚ひきなど、肉の種類によってうまみが変わり、タンパク質が豊富なひき肉。いろいろなアレンジで楽しめる食材です。

タンパク質　ビタミンB群

Part 2 メインおかず　ひき肉

ひき肉ダネはよく混ぜてプリッと食感よく！
カラフル肉しゅうまい

1回分 204kcal／冷蔵3日／冷凍2週間

材料（6回分）
A【豚ひき肉300g、玉ねぎ（みじん切り）½個分、しょうが（みじん切り）1かけ分、卵白1個分、片栗粉大さじ3、酒大さじ1、しょうゆ大さじ½、ごま油・鶏がらスープの素（顆粒）各小さじ1、塩・こしょう各適量】
しゅうまいの皮…24枚
小えび…12個
枝豆（薄皮はむく）…12粒

作り方
1 ボウルにAを入れてしっかり混ぜる。
2 しゅうまいの皮に1を¼量ずつのせて包み、底を平らにする。小えび1個、または枝豆1粒をのせる。
3 蒸気の上がった蒸し器に2を入れ、15分ほど蒸す。

少なめの油、フライパンで作れる肉団子
甘酢の肉団子

1回分 262kcal／冷蔵4日／冷凍2週間

材料（6回分）
A【合いびき肉400g、玉ねぎ（みじん切り）½個分、卵1個、パン粉½カップ、塩・こしょう各適量】
小麦粉…適量
B【しょうゆ・砂糖・みりん・酢各大さじ1、トマトケチャップ大さじ1½、水大さじ1】
サラダ油…適量

作り方
1 ボウルにAを入れてしっかり混ぜ、18等分にして団子状に丸め、小麦粉をまぶす。
2 フライパンにサラダ油を多めに入れて熱し、1を転がしながら炒め揚げにする。
3 2のフライパンの油をペーパータオルで取り除き、Bを加えて、煮絡める。

シャキシャキれんこんとつくねの相性は抜群！
れんこんつくね

1回分 110kcal／冷蔵3日／冷凍2週間

材料（6回分）
鶏ひき肉…200g
れんこん…6cmくらい
A【にんじん（みじん切り）⅙本分、長ねぎ（みじん切り）¼本分、しょうが（みじん切り）小さじ1、白炒りごま大さじ½、片栗粉大さじ1½】
片栗粉…大さじ2
B【しょうゆ・水各大さじ1、砂糖・みりん各大さじ½】
サラダ油…大さじ½

作り方
1 れんこんは皮をきれいに洗い、5mm幅に12枚切って水にさらし、ペーパータオルで包んで水けを取り除く。
2 ボウルにひき肉、Aを入れてしっかり混ぜ、12等分にしてれんこんの大きさの小判形に成形し、片栗粉をまぶし、れんこんを片面につける。
3 フライパンにサラダ油を熱し、2をれんこんを下にして入れる。両面を焼き、混ぜ合わせたBを加えて煮絡める。

メインおかず｜朝ラクおかず ●肉・肉加工品

朝ラクテクニック！ 大人気の肉を使ったおかずの、ラクチンテクニックを覚えて！

1 肉には下味をしっかりとつけるのがポイント。冷めてもおいしく食べられます。

2 電子レンジで調理するときは、耐熱皿にクッキングシートをしくとくっつかず汚れずに便利です。

3 ハムやベーコン、ソーセージ、スパムなどの肉加工食品を上手につかうと、朝ラクチン！

トースターでOK！　さわやかなうまみチキン

ハニーマスタードチキン

材料（1人分）
- 鶏もも肉…½枚
- 塩・こしょう…各少々
- 小麦粉…大さじ1
- **A**【はちみつ・粒マスタード・オリーブオイル各小さじ1、コンソメスープの素（顆粒）小さじ½】

作り方
1. 鶏肉は身の厚い部分に包丁を入れて厚みを均等にし、ひと口大に切ったら、ペーパータオルで包んで余分な水けを取り除く。
2. 1に塩、こしょうをふり、小麦粉をまぶし、混ぜ合わせた**A**を絡める。
3. オーブントースターの天板にシリコーン樹脂加工のアルミホイル（P138参照）をしき、2をのせ、5分ほど焼く。

調理時間 **7** min ／ 1人分 **392** kcal

ピザ用チーズをのせて焼いたひと口サイズのハムロール

ハムロールのチーズ焼き

調理時間 **7** min ／ 1人分 **300** kcal

材料（1人分）
- ハム…4枚
- グリーンアスパラガス…1〜2本（太さによる）
- 片栗粉…少々
- ピザ用チーズ…大さじ4
- 小麦粉…大さじ½
- 粗びき黒こしょう…少々

作り方
1. アスパラは下のかたい部分を切り落とし、皮のかたいところはピーラーでむき、1本を4等分に切る。
2. ハムは半分に切って2枚を重ね、アスパラを1〜2本巻き、とじ目に片栗粉少々（分量外）をつけ、爪楊枝でとめ、小麦粉をふる。これを4個作る。
3. オーブントースターの天板にシリコーン樹脂加工のアルミホイル（P138参照）をしき、2をのせ、ピザ用チーズ、粗びき黒こしょうをかけ、5分ほど焼く。

手間のかかりそうな肉類のおかず。でも大丈夫！ 最小限の下ごしらえと、容器などの工夫次第で朝の調理がラクになります。冷めてもおいしい肉おかずにチャレンジしましょう！

Part 2 メインおかず 肉・肉加工品

味つけはマヨネーズとカレー粉だけの簡単炒め
ウインナーのカレーマヨ焼き

材料（1人分）
ウインナーソーセージ…2本
グリーンアスパラガス
　…1〜2本（太さによる）
A【マヨネーズ大さじ1、カレー粉
　小さじ¼】

作り方
1 アスパラは下のかたい部分を切り落とし、皮のかたいところはピーラーでむき、太めの斜め切りにする。ウインナーも太めの斜め切りにする。
2 ボウルに1、Aを入れてよく混ぜる。
3 オーブントースターの天板にシリコーン樹脂加工のアルミホイル（P138参照）をしき、2をのせ、5分ほど焼く。

調理時間 7min　1人分 220kcal

薄切りズッキーニにハーブの香りのおしゃれ巻き
ベーコンとズッキーニの
くるくる巻き

材料（1人分）
スライスベーコン
　…1½枚
ズッキーニ（縦に薄切り）
　…3枚
ハーブソルト…少々
オリーブオイル
　…大さじ½

作り方
1 ベーコンは1枚のものは半分に切り、3枚にする。
2 ズッキーニ、1の順に1枚ずつ重ね、くるくる巻き、爪楊枝でとめる。これを3個作り、ハーブソルト、オリーブオイルをかける。
3 オーブントースターの天板にシリコーン樹脂加工のアルミホイル（P138参照）をしき、2をのせ、3分ほど焼く。

調理時間 5min　1人分 151kcal

スパムの塩けにマーマレードの甘みが合う
スパムのBBQ焼き

材料（1人分）
スパム（1cm厚さ）…1枚
玉ねぎ…¼個
A【マーマレード小さじ1、
　しょうゆ小さじ½】

作り方
1 スパムは1cm幅に切り、さらに半分の長さに切る。玉ねぎは1cm幅に切る。
2 ボウルにAを入れてしっかり混ぜる。
3 オーブントースターの天板にシリコーン樹脂加工のアルミホイル（P138参照）をしき、1をのせ、5分ほど焼き、カリッと焼きあがったら、2に加えて和える。

調理時間 7min　1人分 130kcal

メインおかず　朝ラクおかず　●肉・肉加工品

電子レンジで作る、濃厚にんにく肉じゃが風
ガリバタ豚じゃが

材料（1人分）
豚肩ロース薄切り肉
（しゃぶしゃぶ用）…3枚
じゃがいも…½個
塩…少々
A【溶かしバター小さじ1、しょうゆ・オイスターソース・片栗粉各小さじ½、砂糖小さじ⅓、にんにく（すりおろし）小さじ¼】

作り方
1 ボウルにA、豚肉を入れ、混ぜる。じゃがいもは皮をむき、7mm幅のいちょう切りにする。
2 耐熱皿にクッキングシートをしき、1のじゃがいもをのせ、塩を軽くふり、じゃがいもが隠れるように1の豚肉を平らに広げてのせる。
3 2にふんわりとラップをして電子レンジで3分加熱し、そのまま1分ほどおき、混ぜる。

調理時間 5min　1人分 249kcal

薄切りさつまいもに豚肉のうまみが染み込む
さつまいもと豚肉の重ね蒸し

材料（1人分）
豚肩ロース薄切り肉
（しゃぶしゃぶ用）…4枚
さつまいも…2cm
塩・こしょう…各少々
片栗粉…適量
A【しょうゆ大さじ⅓、マーマレード大さじ½、片栗粉小さじ1】

作り方
1 さつまいもは皮をきれいに洗い、5mm幅の輪切りにし、水にさらしてアク抜きし、ペーパータオルで包んで、水けを取り除く。塩、こしょうをふり、片栗粉を薄くまぶす。豚肉は塩、こしょう、Aをもむ。
2 耐熱皿にクッキングシートをしき、さつまいも、豚肉を順にのせ、ふんわりとラップをして電子レンジで3分加熱し、そのまま2分ほどおき、よく混ぜる。

調理時間 5min　1人分 317kcal

ジューシー鶏肉にごまダレを絡めた中華風
棒棒鶏

材料（1人分）
鶏もも肉…½枚
きゅうり…¼本
香味野菜（長ねぎ、しょうがなど）…適量
塩・こしょう…各少々
酒…大さじ2
A【白すりごま大さじ1、ごま油小さじ½】

作り方
1 鶏肉は余分な脂と水けを取り除き、両面に塩、こしょうをふり、皮をのばすように形を整える。きゅうりは太めのせん切りにする。
2 耐熱皿に鶏肉をのせ、上に香味野菜をのせ酒を回しかけ、ふんわりとラップをして電子レンジで1分30秒加熱する。ひっくり返してさらに1分加熱し、そのまま2分ほどおき、そぎ切りにし、蒸し汁はとっておく。
3 ボウルにAを入れてよく混ぜ、2の蒸し汁を少量加えてさらに混ぜ、鶏肉、きゅうりを加え、和える。

調理時間 5min　1人分 397kcal

薄切りにした豚肉で味つけ簡単！　加熱も時短に

エスニックチャーシュー風

材料（1人分）
豚肩ロース肉(脂の少ないところ)
　…60g
さやいんげん…4本
塩・こしょう…各少々
小麦粉…適量
A【スイートチリソース小さじ1、しょうゆ・オイスターソース・片栗粉各小さじ½、砂糖小さじ⅓、にんにく（すりおろし）小さじ¼】

作り方
1 豚肉は5mm幅に切り、塩、こしょう、小麦粉を順にふる。いんげんはヘタを切り落とし、4等分に切る。
2 ボウルに**A**を入れて混ぜ、豚肉を加えて混ぜる。
3 耐熱皿にクッキングシートをしき、いんげんを重ならないように広げ、上に**2**をのせる。ふんわりとラップをして電子レンジで3分加熱し、そのまま1分ほどおき、よく混ぜる。

調理時間 5 min　1人分 174 kcal

具材のカットは不要！　トースターで焼く肉詰め

ピーマンの肉詰め

材料（1人分）
A【豚ひき肉50g、ミックスベジタブル30g、片栗粉小さじ1、しょうゆ・酒各小さじ½、塩・こしょう各少々】
ピーマン…1個
片栗粉…少々

作り方
1 ピーマンはヘタと種を取り除いて1cm幅の輪切りにし、内側に片栗粉をまぶす。
2 ボウルに**A**を入れてしっかり混ぜ、**1**に平らになるように詰める。
3 オーブントースターの天板にシリコーン樹脂加工のアルミホイル（P138参照）をしき、**2**をのせ、5分ほど焼く。

調理時間 10 min　1人分 164 kcal

セロリが美味！　うまみたっぷりイタリアの味

サルシッチャ風ソーセージ

材料（1人分）
豚ひき肉…100g
セロリ・セロリの葉（みじん切り）
　…合わせて大さじ2
コンソメスープの素（顆粒）
　…小さじ⅓
塩・こしょう…各少々
にんにく（すりおろし）…小さじ¼
片栗粉…大さじ½

作り方
1 ボウルに全ての材料を入れてよく混ぜ、2等分にする。ラップを広げて肉だねをおき、細長く成形し、キャンディー状に包む。これを2本作る。
2 耐熱皿に**1**をのせ、電子レンジで2分加熱し、そのまま2分ほどおく。

調理時間 7 min　1人分 258 kcal

Part 2　メインおかず　肉・肉加工品

71

メインおかず　作りおきおかず　●魚介類

129 kcal（1回分）　冷蔵3日　冷凍2週間

カレー粉の香りが広がるサクッとフライ
ひと口あじフライ

材料（6回分）
あじ（3枚おろし）…6枚
塩…少々
カレー粉…小さじ1
小麦粉・溶き卵・パン粉…各適量
揚げ油…適量

作り方
1 あじは1枚を3等分に切り、少量の塩をふり、5分ほどおく。ペーパータオルで包んで余分な水けを取り除く。
2 1にカレー粉をふり、小麦粉、溶き卵、パン粉を順につけ、170℃の揚げ油で揚げる。

詰めるとき 片面にウスターソース適量をつける。

151 kcal（1回分）　冷蔵3日　冷凍2週間

コチュジャンの甘辛ソースがかじきによく合う
揚げかじきまぐろのピリ辛ソース

材料（6回分）
かじきまぐろ…6枚
塩…少々
片栗粉…適量
A【コチュジャン・白すりごま各大さじ2、しょうゆ・砂糖各大さじ1、酢大さじ1½】
揚げ油…適量

作り方
1 かじきまぐろは1枚を3等分に切り、塩をふってしばらくおく。ペーパータオルで包んで余分な水けを取り除き、片栗粉をまぶす。
2 1を170℃の揚げ油でカリッと揚げる。
3 ボウルにAを入れてよく混ぜ、2を加えて和える。

おすすめ！サブおかず さつまいもとりんごのきんとん→P114　 小松菜と桜えびのナムル→P120

174 kcal（1回分）　冷蔵2日　冷凍2週間

バジル風味のふんわり衣がやさしくえびを包みこむ
えびのハーブフリット

材料（6回分）
むきえび…大18尾（300g）
片栗粉…大さじ2
A【小麦粉大さじ2、片栗粉大さじ4、ベーキングパウダー小さじ1、卵白1個分、冷水大さじ1～2、ドライバジル・塩各小さじ½】
粗塩…適量
揚げ油…適量

作り方
1 えびは片栗粉をまぶしてよくもみ、冷水で洗い、ペーパータオルで包んで水けをしっかり取り除く。
2 ボウルにAを入れて混ぜ、1をくぐらせ、170℃の揚げ油で揚げる。
3 2に粗塩をまぶす。

良質なタンパク質やカルシウムの吸収を促進するビタミンD、スタミナアップのタウリンなどが含まれる魚介類。魚のレパートリーが増えるとお弁当もより豊かになります。

Part 2 メインおかず 魚介類

手作りのチリソースは意外と簡単!
えびチリ

材料（6回分）
むきえび…大18尾(300g)
長ねぎ(みじん切り)…½本分
しょうが(みじん切り)…1かけ分
片栗粉…大さじ3
塩・こしょう…各適量
A【スイートチリソース・トマトケチャップ各大さじ3、しょうゆ大さじ1、砂糖小さじ1、塩・こしょう各適量】
サラダ油…適量

作り方
1 えびは片栗粉大さじ2をまぶしてよくもみ、冷水で洗い、ペーパータオルで包んで水けを取り除く。塩、こしょうをふり、片栗粉大さじ1をまぶす。
2 フライパンにサラダ油を多めに入れて熱し、1を揚げ焼きにする。
3 2のフライパンの油をペーパータオルで取り除き、長ねぎ、しょうが、混ぜ合わせたAを加え、炒め絡める。

1回分 124kcal　冷蔵3日　冷凍2週間

白身魚にとろ〜りチーズマヨソースがよく合う
白身魚のチーズマヨフライ

材料（6回分）
たい(刺身用さく)…400g
塩…少々
A【粉チーズ・マヨネーズ各大さじ3】
小麦粉・溶き卵・パン粉…各適量
揚げ油…適量

作り方
1 たいは18等分に切り、塩をふって10分ほどおき、ペーパータオルに包んで余分な水けを取り除く。
2 1に混ぜ合わせたAを和え、小麦粉、溶き卵、パン粉を順につけ、170℃の揚げ油で揚げる。

1回分 307kcal　冷蔵3日　冷凍2週間

山椒の香りを効かせたごはんによく合う蒲焼き
さんまの蒲焼き

材料（6回分）
さんま(3枚おろし)…6枚
山椒…小さじ1
小麦粉…大さじ1
A【しょうゆ大さじ1½、みりん大さじ2、砂糖大さじ½、水大さじ1】
サラダ油…大さじ1

作り方
1 さんまは1枚を4等分に切り、ペーパータオルに包んで余分な水けを取り除く。山椒をふり、小麦粉をまぶす。
2 フライパンにサラダ油を熱し、1を皮目から入れて両面カリッと焼き、Aを加えて強火にし、絡める。

1回分 209kcal　冷蔵3日　冷凍2週間

メインおかず　作りおきおかず　●魚介類

いかのすり身焼き

いかとはんぺんを合わせた手作りすり身焼き

1回分 151 kcal／冷蔵3日／冷凍2週間

材料（6回分）
いか…2杯
A【はんぺん1枚（110g）、しょうが1かけ、酒大さじ1、片栗粉大さじ3】
万能ねぎ（小口切り）…5本分
B【マヨネーズ・みりん各大さじ2、しょうゆ大さじ½】
ごま油…適量

作り方
1 いかはワタ、皮、軟骨を取り除き、1cm四方くらいに切る。
2 フードプロセッサーに1、Aを入れて撹拌する。
3 ボウルに2、万能ねぎを加えて混ぜ、12等分にし、手にごま油適量（分量外）をつけながら平たい丸に成形する。
4 フライパンにごま油を熱し、3を入れて両面こんがりと焼く。混ぜ合わせたBを加え、絡める。

あじのごまから揚げ

2種類のごまをたっぷり絡めた香りよい揚げ魚

1回分 167 kcal／冷蔵3日／冷凍2週間

材料（6回分）
あじ（3枚おろし）…6枚
A【しょうゆ・みりん各大さじ1½、しょうが（すりおろし）小さじ2】
小麦粉・溶き卵…各適量
B【白炒りごま・黒炒りごま各大さじ4】
揚げ油…適量

作り方
1 あじは1枚を3等分に切り、混ぜ合わせたAに10分ほど漬ける。
2 1の汁けをきり、小麦粉、溶き卵、混ぜ合わせたBを順につけ、170℃の揚げ油で揚げる。

> **Point** しょうゆ、みりん、しょうがのすりおろしで下味をつけているので、冷めてもおいしいおかずに。白と黒の炒りごまで、見た目も楽しい！

いかのトマト煮

ケチャップで手軽！バジルが香るイタリア風

1回分 93 kcal／冷蔵3日／冷凍2週間

材料（6回分）
いか（胴の部分）…2杯分
玉ねぎ…½個
にんにく…1かけ
小麦粉…大さじ1
ドライバジル…小さじ½
白ワイン…大さじ2
A【トマトケチャップ大さじ4、ウスターソース大さじ1、コンソメスープの素（顆粒）小さじ½】
オリーブオイル…大さじ1

作り方
1 いかはワタ、軟骨を取り除き、1cm幅の輪切りにし、小麦粉をまぶす。玉ねぎ、にんにくは薄切りにする。
2 フライパンにオリーブオイルを熱し、1の玉ねぎ、にんにくを入れて炒め、いか、ドライバジルを加え、白ワインを回しかけてさらに炒める。
3 2にAを加え、水分を飛ばすように煮詰める。

バジル香るうまみたっぷりサーモンのフライパンソテー
サーモンのマヨ炒め

材料（6回分）
サーモン（切り身）…6切れ
塩…少々
ドライバジル…小さじ1
小麦粉…大さじ1
A【マヨネーズ大さじ3、生クリーム大さじ2】
オリーブオイル…大さじ½

作り方
1 サーモンは1切れを3等分に切り、塩をふって5分ほどおき、ペーパータオルで包んで余分な水けを取り除く。
2 1にドライバジルをふり、小麦粉をまぶす。
3 フライパンにオリーブオイルを熱し、2を入れて両面こんがり焼き、よく混ぜ合わせたAを加え、絡める。

1回分 364kcal
冷蔵3日　冷凍2週間

Part 2 メインおかず 魚介類

みそとポン酢に漬け込んで焼くだけ！
サーモンのみそ漬け

材料（6回分）
サーモン（切り身）…6切れ
A【みそ大さじ6、ポン酢しょうゆ大さじ3】

作り方
1 サーモンはペーパータオルで包み、よく混ぜたAを塗り、ラップにくるみ、一晩おく。
2 1のラップとペーパータオルを取り除き、魚焼きグリルで両面2〜3分ずつ焼く。

おすすめ！サブおかず
  ミニトマトとツナのごまマヨ和え →P108
 アスパラとベーコンのカレーロースト →P120

1回分 256kcal
冷蔵3日　冷凍2週間

酢を加えて焼いているから後味さっぱり！
ぶりのさっぱり照り焼き

材料（6回分）
ぶり（切り身）…6切れ
塩・こしょう…各少々
小麦粉…大さじ2
A【しょうゆ・酢各大さじ1、砂糖小さじ½】
サラダ油…大さじ1

作り方
1 ぶりはペーパータオルで余分な水けを取り除き、塩、こしょうをふり、小麦粉をまぶす。
2 フライパンにサラダ油を熱し、1を入れて両面焼き、混ぜ合わせたAを加え、強火で絡める。

 Point 時間がたっても生臭くならないよう、ペーパータオルで水けをしっかりと取りましょう。酢を入れることで、口当たりが軽くさわやかに！

1回分 316kcal
冷蔵3日　冷凍2週間

メインおかず | 朝ラクおかず ●魚介類

朝ラクテクニック！ 魚介類は生臭さをしっかり取り除くと、お弁当でもおいしい！

① 魚介類はペーパータオルで水けをしっかり取り除くことで、時間がたっても生臭くなりにくい！

② 電子レンジ調理するときは、酒を回しかけることで、臭みが取れて、香りよく仕上がります。

③ 焼き魚には、みりんをかけることでうまみもアップし、照りよく仕上げることができるのでおすすめです。

みりんを絡めて焼くだけ！

おいしい塩鮭

材料（1人分）
- 塩鮭（甘口・切り身）…1切れ
- みりん…大さじ1
- レモン汁…小さじ1

作り方
1. 塩鮭は3等分に切り、両面にみりんをまぶし、5分ほどおく。
2. オーブントースターの天板にシリコーン樹脂加工のアルミホイル（P138参照）をしき、1をのせ、5分ほど焼き、レモン汁をかける。

調理時間 10 min / 1人分 205 kcal

ジェノベーゼのバジル香る、うまみたっぷり焼き

かじきまぐろの香草パン粉焼き

材料（1人分）
- かじきまぐろ（切り身）…1切れ
- 塩・こしょう…各少々
- A【パン粉大さじ2、ジェノベーゼ（市販）・オリーブオイル各大さじ1】

作り方
1. かじきまぐろは3等分に切り、ペーパータオルで包んで余分な水けを取り除き、塩、こしょうをふる。
2. Aをよく混ぜ、1に密着させるようにつける。
3. オーブントースターの天板にシリコーン樹脂加工のアルミホイル（P138参照）をしき、2をのせ、5分ほど焼く。

調理時間 10 min / 1人分 301 kcal

魚介類のおかずが増えればお弁当のバリエーションが広がります。お弁当向きの鮭やかじき、まぐろはもちろん、えびやツナを使って、簡単なのにおいしいおかずを作りましょう。

Part 2 メインおかず 魚介類

チリパウダーとガーリックで人気のえび料理
スパイシーシュリンプ

材料（1人分）
- むきえび…大5尾
- 片栗粉…大さじ1
- A【コンソメスープの素（顆粒）・カレー粉各小さじ⅓、チリパウダー・ガーリックパウダー各小さじ¼、小麦粉・オリーブオイル各大さじ½】

作り方
1. えびは片栗粉をまぶしてよくもみ、冷水で洗い、ペーパータオルで包んで水けを取り除く。
2. ボウルにAを入れてよく混ぜ、1を加え、Aをしっかり密着させるように混ぜる。
3. オーブントースターの天板にシリコーン樹脂加工のアルミホイル（P138参照）をしき、2をのせ、5分ほど焼く。

調理時間 7 min 1人分 166 kcal

生クリームとチーズで作る簡単グラタン
ツナとコーンのチーズ焼き

材料（1人分）
- ツナ缶…小¼缶
- コーン缶…大さじ1
- 小麦粉…小さじ¼
- 生クリーム…大さじ1
- ピザ用チーズ…大さじ1
- パセリ（みじん切り）…少々

作り方
1. ボウルにツナ、コーン、小麦粉を入れてよく混ぜ、生クリームを加えてさらに混ぜる。
2. 1を小さいマドレーヌ型のアルミカップに入れ、ピザ用チーズをのせ、オーブントースターで5分ほど焼き、パセリをちらす。

調理時間 7 min 1人分 157 kcal

マヨネーズとカレー粉の簡単ソースで香ばしい
いかのマヨカレー焼き

材料（1人分）
- いか（胴の部分）…½杯分
- 小麦粉…大さじ1
- A【マヨネーズ大さじ1、ウスターソース小さじ½、カレー粉小さじ⅓】

作り方
1. いかはワタと軟骨を取り除き、3cm幅に切り、上の面だけ、5mm幅の切り目を入れる。
2. 1に小麦粉を薄くまぶし、よく混ぜたAをかける。
3. オーブントースターの天板にシリコーン樹脂加工のアルミホイル（P138参照）をしき、2をのせ、5分ほど焼く。

調理時間 7 min 1人分 182 kcal

77

メインおかず　朝ラクおかず　●魚介類

チーズとはんぺんがマッチ！　香ばしいパン粉も◎
はんぺんのチーズ挟み焼き

材料（1人分）
はんぺん…½枚
スライスチーズ…1枚
こしょう…少々
A【パン粉大さじ3、溶かしバター大さじ1½〜2、粉チーズ小さじ1】

作り方
1 はんぺんは半分に切り、横に深く切り込みを入れる。チーズははんぺんの大きさに合わせて切り、こしょうをふる。
2 はんぺんの切り込み目にチーズを挟み、混ぜ合わせたAをのせる。
3 オーブントースターの天板にシリコーン樹脂加工のアルミホイル（P138参照）をしき、2をのせ、3分ほど焼く。

調理時間 5min　1人分 285kcal

ハーブが香るマヨネーズソースがおしゃれ！
サーモンのマヨハーブ焼き

材料（1人分）
サーモン（切り身）…1切れ
塩・こしょう…各少々
小麦粉…大さじ1
A【卵黄½個分、マヨネーズ大さじ1、ドライハーブ少々】

作り方
1 サーモンは3等分に切り、ペーパータオルで包んで余分な水けを取り除き、塩、こしょうをふり、小麦粉をまぶす。
2 Aをしっかり混ぜ、1の片面に塗る（または、Aを保存袋に入れて混ぜ、保存袋の角を細く切り、網目に絞る）。
3 オーブントースターの天板にシリコーン樹脂加工のアルミホイル（P138参照）をしき、2をのせ、5分ほど焼く。

調理時間 7min　1人分 393kcal

プリプリの中華風シンプル蒸し塩えび
ねぎ塩シュリンプ

材料（1人分）
むきえび…大5尾
万能ねぎ（小口切り）…1本分
しょうが（すりおろし）…小さじ½
片栗粉…大さじ1½
塩・こしょう…各少々
酒…大さじ1

作り方
1 えびは片栗粉大さじ1をまぶしてよくもみ、冷水で洗い、ペーパータオルで包んで水けを取り除く。塩、こしょうをふり、しょうがをしっかりと和え、片栗粉大さじ½をまぶす。
2 耐熱皿にクッキングシートをしき、1を並べ、万能ねぎをちらし、酒を回しかける。ふんわりとラップをして電子レンジで2分加熱し、そのまま1分ほどおく。

調理時間 5min　1人分 86kcal

白身魚のズッキーニ巻き

薄切りズッキーニで白身魚を巻いて身崩れ防止

材料（1人分）
- 白身魚（切り身）…1切れ
- ズッキーニ（縦に薄切り）…3枚
- ドライハーブミックス…少々
- A【小麦粉小さじ1、コンソメスープの素（顆粒）小さじ1/3】
- 片栗粉…大さじ1/2

調理時間 5 min / 1人分 155 kcal

作り方
1. 白身魚は3等分に切り、ペーパータオルで包んで余分な水けを取り除き、ドライハーブミックスをふり、よく混ぜたAをまぶしてなじませる。
2. 1にズッキーニを巻き、片栗粉をまぶす。
3. 耐熱皿にクッキングシートをしき、2をのせ、ふんわりとラップをして電子レンジで2分加熱し、そのまま1分ほどおく。

ぶりのピリ辛しょうがみそ煮

みそとコチュジャンの甘辛みそを絡めてチン！

材料（1人分）
- ぶり（切り身）…1切れ
- 塩・こしょう…各少々
- 小麦粉…小さじ1
- A【みそ・コチュジャン各小さじ1/2、しょうゆ・しょうが（すりおろし）各小さじ1/3、水大さじ1】

調理時間 7 min / 1人分 310 kcal

作り方
1. ぶりは骨を取り除き、3等分に切り、ペーパータオルで包んで余分な水けを取り除き、塩、こしょうをふり、小麦粉をまぶす。
2. ボウルにAを入れてしっかりと混ぜ、1をくぐらせる。
3. 耐熱皿にクッキングシートをしき、2をのせ、ふんわりとラップをして電子レンジで1分30秒〜2分加熱し、そのまま2分ほどおく。

白身魚の野菜あんかけ

ミックスベジタブルでお手軽和風あんかけ

材料（1人分）
- 白身魚（切り身）…1切れ
- ミックスベジタブル…大さじ3
- 塩…少々
- 片栗粉…大さじ1/2
- A【和風だし汁大さじ2、しょうゆ・みりん各小さじ1、しょうが（すりおろし）小さじ1/3】

調理時間 6 min / 1人分 158 kcal

作り方
1. 白身魚は3等分に切り、ペーパータオルで包んで余分な水けを取り除き、塩をふり、片栗粉をまぶす。
2. 耐熱皿に1とミックスベジタブルをのせ、混ぜ合わせたAを回しかけ、ふんわりとラップをして電子レンジで2分30秒加熱し、そのまま1分ほどおき、全体を絡める。

Part 2　メインおかず　魚介類

メインおかず｜作りおきおかず ●豆・豆腐

粗くつぶしたドライパックの大豆入りヘルシーつくね

大豆つくね

材料（6回分）
A【大豆（ドライパック）150g、豚ひき肉250g、万能ねぎ（小口切り）5本分、鶏がらスープの素（顆粒）小さじ1、片栗粉大さじ3、しょうゆ大さじ½、酒大さじ1】
焼きのり…1½枚
B【しょうゆ・みりん・砂糖各大さじ1、しょうが（薄切り）2枚、赤唐辛子（種を取る）½本分、水大さじ1】
サラダ油…大さじ½

作り方
1 ボウルにAを入れ、大豆を粗くつぶすように混ぜ、12等分にして平たい丸に成形する。
2 焼きのりを12等分の正方形に切り、1の片面につける。
3 フライパンにサラダ油を熱し、2を入れて片面に焼き色がつくまで焼き、ひっくり返してふたをし、弱火で3分ほど焼く。
4 3に混ぜ合わせたBを加え、煮絡める。

1回分 180kcal　冷蔵4日　冷凍2週間

ヘルシーだけど食べごたえバッチリ！

厚揚げのガーリックベーコン巻き

材料（6回分）
厚揚げ…2枚
スライスベーコン…9枚
にんにく…1かけ
塩・こしょう…各適量
片栗粉・小麦粉…各適量
A【しょうゆ・砂糖・水各大さじ1】
サラダ油…大さじ½

作り方
1 厚揚げは熱湯をかけて油抜きし、ペーパータオルで包んで水けをしっかり取り除き、1枚を9等分に切る。ベーコンは半分に切り、片栗粉を片面に薄くまぶす。にんにくは半分に切って芽を取り除き、つぶす。
2 厚揚げに塩、こしょう、小麦粉をまぶす。ベーコンの片栗粉をまぶした面を内側にして厚揚げに巻く。
3 フライパンにサラダ油、にんにくを入れて熱し、香りが出たら2を巻き終わりを下にして入れ、全面を焼く。Aを加え、煮絡める。

1回分 220kcal　冷蔵3日　冷凍2週間

崩れにくく食べやすい！　豆板醤入りピリ辛炒め

厚揚げ麻婆豆腐

材料（6回分）
厚揚げ…2枚
豚ひき肉…150g
ピーマン…3個
片栗粉…大さじ1
鶏がらスープの素（顆粒）…小さじ½
A【甜麺醤・豆板醤各大さじ1、しょうゆ・砂糖・しょうが（すりおろし）各小さじ1】
サラダ油…小さじ1

作り方
1 厚揚げは熱湯をかけて油抜きし、水けをペーパータオルで取り除き、1.5cm角に切り、片栗粉をまぶす。ピーマンはヘタと種を取り除き、小さめの乱切りにする。
2 フライパンにサラダ油を熱し、ひき肉を入れて炒め、脂が出たらAを加え、肉になじんだら1、鶏がらスープの素、水50mlを加え、炒め煮する。

1回分 187kcal　冷蔵3日　冷凍2週間

大豆由来の良質な植物性タンパク質が豊富な豆や大豆製品。消化吸収のよい豆腐、カルシウムが豊富な厚揚げなどを使って、バリエーションを広げて。

Part 2 メインおかず 豆・豆腐

かつお節と白ごまが香りよい甘辛厚揚げ煮
厚揚げの土佐煮

材料（6回分）
厚揚げ…2枚
かつお節…5g
白炒りごま…大さじ1
A【しょうゆ大さじ1、みりん大さじ2、和風だし汁150ml】

作り方
1 厚揚げは熱湯をかけて油抜きし、水けをさっときり、1枚を12等分に切る。
2 鍋に1、Aを入れて火にかけ、水分を飛ばすように煮詰めたら、かつお節、白炒りごまを加えてさっと混ぜる。

1回分 129kcal 冷蔵3日 冷凍2週間

大豆を加えてヘルシーに仕上げたお手軽カレー
大豆のドライカレー

材料（6回分）
大豆（ドライパック）…200g
鶏ひき肉…200g
玉ねぎ…1個
にんじん…1本
さやいんげん…10本
小麦粉…大さじ1½
しょうが・にんにく（すりおろし）…各小さじ1
A【トマトケチャップ大さじ3、ウスターソース大さじ2、カレー粉大さじ1、コンソメスープの素（顆粒）小さじ1、水200ml】
塩・こしょう…各適量
サラダ油…小さじ1

作り方
1 玉ねぎ、にんじんは粗みじん切りにし、いんげんはヘタを切り落として5mm幅に切る。
2 フライパンにサラダ油を熱し、ひき肉、しょうが、にんにく、1、大豆を入れ、小麦粉を全体にふり、炒める。
3 2に混ぜ合わせたAを加えて煮詰め、塩、こしょうで味をととのえる。

1回分 167kcal 冷蔵4日 冷凍2週間

しっかり水きりした豆腐に甘辛肉みそをサンド
豆腐の肉みそステーキ

材料（6回分）
木綿豆腐…2丁
合いびき肉…150g
小麦粉…大さじ2
A【長ねぎ（みじん切り）大さじ2、みそ大さじ1、オイスターソース・片栗粉各大さじ½、豆板醤・しょうが（すりおろし）各小さじ1、塩・こしょう各少々】
B【しょうゆ・水各大さじ1、砂糖・みりん各大さじ½】
サラダ油…小さじ1+大さじ1

作り方
1 豆腐は厚さが半分以下になるくらいまでしっかり水きりし、1丁を6等分に切り、さらに横半分に切る。
2 フライパンにサラダ油小さじ1を熱し、ひき肉を入れて炒め、脂が出たらAを加え、さらに炒める。
3 1の豆腐に2を入れて挟み、豆腐全体に小麦粉をまぶす。
4 フライパンにサラダ油大さじ1を熱し、3を入れてこんがり焼き、混ぜ合わせたBを加え、絡める。

1回分 155kcal 冷蔵3日 冷凍2週間

メインおかず　作りおきおかず　●卵

1回分 433 kcal ／ 冷蔵3日 ／ 冷凍1週間

ゆで卵が丸ごと入った贅沢メンチフライ
スコッチ親子エッグ

材料（6回分）
ゆで卵…6個
A【鶏ひき肉400g、玉ねぎ（みじん切り）½個分、パン粉1カップ、コンソメスープの素（顆粒）小さじ1、卵1個、塩・こしょう各少々】
小麦粉・溶き卵・パン粉…各適量
揚げ油…適量

作り方
1 ボウルにAを入れてしっかり混ぜ、6等分にする。
2 殻をむいたゆで卵に1を空気を抜くようにしながら包む。
3 2に小麦粉、溶き卵、パン粉を順につけ、170℃の揚げ油で揚げる。

詰めるとき 詰めるときは半分に切って。

Point 冷凍保存した場合、白身にすが入っても、まわりの肉で食感は気になりません。

1回分 99 kcal ／ 冷蔵2日 ／ 冷凍1週間

コリコリのきくらげを中華風に仕上げた卵炒め
卵ときくらげの炒め物

材料（6回分）
A【卵6個、鶏がらスープの素（顆粒）小さじ1、水溶き片栗粉（片栗粉小さじ1＋水大さじ1）】
きくらげ（戻したもの）…8個
しょうが（みじん切り）…1かけ分
万能ねぎ（小口切り）…5本分
塩・こしょう…各少々
ごま油…大さじ1

作り方
1 ボウルにAを入れ、よく混ぜる。きくらげは食べやすい大きさに切る。
2 フライパンにごま油を熱し、しょうがを入れて炒め、しょうがの香りが出たら、きくらげを加え、さらに炒める。
3 2に1の卵液を加え、ふわっとかき混ぜながら炒め、塩、こしょうをふり、最後に万能ねぎを加えて混ぜる。

1回分 62 kcal ／ 冷蔵3日 ／ 冷凍1週間

八角の風味が広がるアジア風うずら煮卵
薫り煮卵

材料（6回分）
ゆでうずらの卵…18個
A【長ねぎ（青い部分）½本分、しょうが（薄切り）1枚、めんつゆ（3倍濃縮）大さじ2½、水大さじ1½、八角½個】

作り方
1 耐熱ボウルにAを入れ、ラップをせずに電子レンジで沸騰するまで1分30秒～2分加熱する。
2 保存袋にうずら、1を入れ、ひっくり返しながら冷蔵庫で半日以上漬ける。

おすすめ！サブおかず　赤パプリカともやしのナムル →P108　きくらげと豚肉のみそ炒め風 →126

ビタミンC以外の栄養素を含み、良質なタンパク質が豊富な卵。定番の卵焼きはもちろん、合わせる食材や調理の仕方でさまざまな顔になる卵のおかずをご紹介。

タンパク質 / ビタミンA / ビタミンE

Part 2 メインおかず 卵

薄切りじゃがいもでなめらかミルフィーユ風に
じゃがいもとベーコンのスペイン風オムレツ

材料（6回分／15×22cmの卵焼き器1台分）
- 卵…5個
- スライスベーコン…3枚
- じゃがいも…2個
- 塩・こしょう…各適量
- オリーブオイル…大さじ1½

作り方
1. ベーコンは粗みじん切りにする。じゃがいもはスライサーで薄切りにする。卵は溶いておく。
2. フライパンにオリーブオイルを熱し、ベーコン、じゃがいもを入れて炒め、塩、こしょうをふり、溶き卵を加えてかき混ぜ、スクランブルエッグ状になったら形を整え、ふたをして弱火で15〜20分焼く。
3. 2をひっくり返して15〜20分ほど焼く。冷めたら、12等分に切る。

1回分 155kcal / 冷蔵2日 / 冷凍2週間

具だくさんの中華風卵炒めに甘辛ソースを添えて
かに玉

材料（6回分）
- 卵…6個
- かに風味かまぼこ…10本
- きくらげ（戻したもの）…5個
- さやいんげん…5本
- **A**【鶏がらスープの素（顆粒）小さじ1、煮きり酒(P27)大さじ1、塩・こしょう各適量、水溶き片栗粉（片栗粉小さじ1＋水大さじ1）】
- **B**【トマトケチャップ大さじ3、スイートチリソース大さじ4】
- ごま油…大さじ1

作り方
1. かに風味かまぼこは半分の長さに切り、粗くほぐす。きくらげは5mm幅に切り、さやいんげんは2mm幅の斜め切りにする。
2. ボウルに卵、1、Aを入れてよく混ぜる。
3. フライパンにごま油を熱し、2を流し入れてかき混ぜ、スクランブルエッグ状になったら、半分に折り、中に火が通るまで加熱する。
4. Bは混ぜ合わせ、別の保存容器に入れて保存する。

1回分 148kcal / 冷蔵2日 / 冷凍1週間

カレー粉風味の豚肉で仕上げたミニ串揚げ
うずらの肉巻きフライ

材料（6回分）
- ゆでうずらの卵…24個
- 豚肩ロース肉（しゃぶしゃぶ用）…12枚
- カレー粉…小さじ1
- 塩・こしょう…各適量
- 小麦粉・溶き卵・パン粉…各適量
- 揚げ油…適量

作り方
1. 豚肉は半分の長さに切り、カレー粉、塩、こしょうをふり、うずらの卵に1枚ずつ巻く。
2. 1を爪楊枝に2個ずつ刺し、小麦粉、溶き卵、パン粉を順につけ、170℃の揚げ油で揚げる。

> **詰めるとき** ウスターソース適量をかける。

1回分 300kcal / 冷蔵2日 / 冷凍1週間

メインおかず｜作りおきおかず ●卵

1回分 113 kcal / 冷蔵2日 / 冷凍2週間

スクランブルエッグから形を整えて簡単に！
厚焼き卵

材料（6回分）
A【卵6個、煮きりみりん（P27）・和風だし汁各大さじ3、砂糖大さじ1½、薄口しょうゆ小さじ1½、水溶き片栗粉（片栗粉小さじ1＋水大さじ1）】
サラダ油…小さじ3

作り方
1 ボウルにAを入れ、混ぜる。
2 卵焼き器にサラダ油を熱し、1の⅓量を入れてかき混ぜ、スクランブルエッグ状になったら、ふわっと巻きながら卵焼きの形に整える。これを3本作る。
3 2が冷めたら、1本を4等分に切る。

おすすめ！サブおかず
 ピーマンとちくわの和え物→P121
 しいたけのツナマヨ焼き→P126

1回分 117 kcal / 冷蔵2日 / 冷凍2週間

桜えびとおろししょうがでうまみたっぷり
桜えびとしょうがの卵焼き

材料（6回分）
A【卵6個、桜えび（乾燥）6g、しょうが（すりおろし）小さじ1½、煮きりみりん（p27）・和風だし汁各大さじ3、水溶き片栗粉（片栗粉小さじ1＋水大さじ1）砂糖大さじ1½、薄口しょうゆ小さじ1½】
サラダ油…小さじ3

作り方
1 ボウルにAを入れ、混ぜる。
2 卵焼き器にサラダ油を熱し、1の⅓量を入れてかき混ぜ、スクランブルエッグ状になったら、ふわっと巻きながら卵焼きの形に整える。これを3本作る。
3 2が冷めたら、1本を4等分に切る。

Point カルシウム豊富な桜えびは、育ち盛りの子どもにうれしい食材。香りもよく、噛むたびにうまみが広がるのでおすすめです。

1回分 221 kcal / 冷蔵2日 / 冷凍2週間

チーズに牛乳、マヨネーズでマイルド卵焼き
ハムチーズ卵焼き

材料（6回分）
A【卵6個、ハム3枚、ピザ用チーズ・マヨネーズ各大さじ6、牛乳大さじ3、水溶き片栗粉（片栗粉小さじ1＋水大さじ1）】
サラダ油…小さじ3

作り方
1 Aのハムは5mm四方に切る。
2 ボウルにAを入れ、混ぜる。
3 卵焼き器にサラダ油を熱し、2の⅓量を入れてかき混ぜ、スクランブルエッグ状になったら、ふわっと巻きながら卵焼きの形に整える。これを3本作る。
4 3が冷めたら、1本を4等分に切る。

シンプルな厚焼き卵から、具入りのものまで、卵焼きのバリエーションを紹介します。
片栗粉を入れることで、冷凍しても水分が出にくくなりますよ。

Part 2 メインおかず 卵

甘辛鶏ひき肉を巻き込んだ、贅沢だし巻き卵
そぼろ巻き卵焼き

材料（6回分）
A【卵6個、煮きりみりん（P27）大さじ3、和風だし汁大さじ3、塩小さじ1、水溶き片栗粉（片栗粉小さじ1＋水大さじ1）】
鶏ひき肉…100g
しょうが（みじん切り）…小さじ1
めんつゆ（3倍濃縮）…小さじ2
サラダ油…小さじ3

作り方
1 フライパンに油をひかずひき肉、しょうがを入れて炒め、めんつゆを加え、水分を飛ばすように煮詰める。
2 ボウルにAを入れ、混ぜる。
3 卵焼き器にサラダ油を熱し、2の⅓量を入れてかき混ぜ、スクランブルエッグ状態になったら、1の⅓量をのせ、ふわっと巻きながら卵焼きの形に整える。これを3本作る。
4 3が冷めたら、1本を4等分に切る。

1回分 137 kcal　冷蔵2日　冷凍2週間

三つ葉と卵の相性抜群のシンプルだし巻き
三つ葉の卵焼き

材料（6回分）
A【卵6個、煮きりみりん（P27）・和風だし汁各大さじ3、水溶き片栗粉（片栗粉小さじ1＋水大さじ1）、塩小さじ1】
三つ葉…1株
サラダ油…小さじ3

作り方
1 三つ葉は1cm幅に切る。
2 ボウルにAの材料を入れ、混ぜる。
3 卵焼き器にサラダ油を熱し、2の⅓量を入れてかき混ぜ、スクランブルエッグ状態になったら、全体に⅓株分の三つ葉をのせ、ふわっと巻きながら卵焼きの形に整える。これを3本作る。
4 3が冷めたら、1本を4等分に切る。

1回分 40 kcal　冷蔵2日　冷凍2週間

かにかまを巻くだけだからとっても簡単！
かにかまの卵焼き

材料（6回分）
A【卵6個、煮きりみりん（P27）・和風だし汁各大さじ3、薄口しょうゆ小さじ3、水溶き片栗粉（片栗粉小さじ1＋水大さじ1）】
かに風味かまぼこ…6本
サラダ油…小さじ3

作り方
1 ボウルにAを入れ、混ぜる。
2 卵焼き器にサラダ油を熱し、1の⅓量を入れてかき混ぜ、スクランブルエッグ状態になったら、かに風味かまぼこを2本のせ、ふわっと巻きながら卵焼きの形に整える。これを3本作る。
3 2が冷めたら、1本を4等分に切る。

1回分 119 kcal　冷蔵2日　冷凍2週間

85

メインおかず　朝ラクおかず　●豆・豆腐・卵

朝ラクテクニック！ 電子レンジとドライパックを使って、朝でもラクラク調理！

1 豆腐の水きりは、耐熱皿にペーパータオルをしき、その上に豆腐をのせて電子レンジで加熱すれば時短に！

2 豆はドライパックを使うと戻す手間が省けるので、朝のお弁当作りにはとっても便利。

3 卵液に具を混ぜてから加熱すると、満遍なく火が通ります。最初に混ぜておくだけなので、ラクチン！

カレーツナマヨを挟んだ満足感のあるおかず

厚揚げとツナのスパイス焼き

材料（1人分）
厚揚げ…½枚
A【ツナ缶小⅓缶、万能ねぎ（小口切り）1本分、マヨネーズ大さじ1、カレー粉小さじ¼】
塩・こしょう…各少々
小麦粉…大さじ½

作り方
1 厚揚げは熱湯をかけて油抜きし、ペーパータオルで包んで水けを取り除く。3等分に切り、横半分に切る。
2 1に、混ぜ合わせたAを挟み、全体に塩、こしょうをふり、小麦粉をまぶす。
3 オーブントースターの天板にシリコーン樹脂加工のアルミホイル（P138参照）をしき、2を並べ、5分ほどカリッと焼く。

調理時間 7min ／ 1人分 317kcal

具だくさんのチーズ入りマヨみそが美味！

厚揚げの洋風田楽

材料（1人分）
厚揚げ…½枚
ツナ缶…小⅙缶
コーン缶…大さじ1
ピザ用チーズ…大さじ1
A【マヨネーズ大さじ½、みそ小さじ¼、一味唐辛子少々】
片栗粉…小さじ½

作り方
1 厚揚げは熱湯をかけて油抜きし、ペーパータオルで包んで水けを取り除き、1cm幅に切る。
2 1に片栗粉をまぶし、混ぜ合わせたAを塗り、油をきったツナ、汁けをきったコーン、チーズを順にのせる。
3 オーブントースターの天板にシリコーン樹脂加工のアルミホイル（P138参照）をしき、2を並べ、3～5分焼く。

調理時間 6min ／ 1人分 275kcal

経済的でうれしい豆、豆腐、卵。ボリュームも味も満足な豆類、卵のおかずができれば、毎日のお弁当作りも大助かり！ タンパク質が豊富だから、成長期のお子様におすすめです。

Part 2 メインおかず　豆・豆腐・卵

スパムとオイスターソースでうまみたっぷり！
厚揚げとスパムのオイスターソース炒め風

材料（1人分）
- 厚揚げ…½枚
- スパム（1cm厚さ）…1枚
- 片栗粉…小さじ1
- A【オイスターソース小さじ½、しょうゆ・にんにく（すりおろし）各小さじ⅓、鶏がらスープの素（顆粒）小さじ¼】
- ごま油…小さじ½

作り方
1. 厚揚げは熱湯をかけて油抜きし、ペーパータオルで包んで水けを取り除く。
2. 1は1.5cm角、スパムも厚揚げの大きさに合わせて切り、片栗粉をまぶす。
3. 耐熱ボウルに2を入れ、混ぜ合わせたAを回しかけ、ふんわりとラップをして電子レンジで3分加熱し、そのまま2分ほどおく。ごま油をかけ、さっと混ぜる。

調理時間 8min　1人分 283kcal

トースターでできる！　混ぜるだけのお手軽オムレツ
チーズオムレツ

調理時間 7min　1人分 250kcal

材料（1人分）
- 卵…1個
- ミックスベジタブル…30g
- ピザ用チーズ…大さじ2
- マヨネーズ…大さじ1
- コンソメスープの素（顆粒）…小さじ¼
- 水溶き片栗粉…片栗粉小さじ⅓＋水小さじ1

作り方
1. ボウルに全ての材料を入れて混ぜる。
2. ホーロー容器にシリコーン樹脂加工のアルミホイル（P138参照）をしき、1を流し入れ、オーブントースターで5分ほど焼き、粗熱がとれるまでそのままにしておく。
3. 2を容器から取り出し、食べやすい大きさに切る。

パンにもごはんにも合う、ひき肉と豆の簡単煮込み
ポークビーンズ

材料（1人分）
- ミックスビーンズ（ドライパック）…大さじ3
- 合いびき肉…60g
- トマトケチャップ…大さじ1
- 小麦粉・中濃ソース…各大さじ½
- コンソメスープの素（顆粒）…小さじ¼
- にんにく（すりおろし）・カレー粉…各小さじ⅓
- ローリエ…1枚
- 塩・こしょう…各少々
- パセリ（みじん切り）…少々

作り方
1. 耐熱ボウルにパセリ以外の材料を入れてよく混ぜ、ラップをせずに電子レンジで5分加熱し、よく混ぜる。
2. パセリをちらす。

調理時間 7min　1人分 274kcal

メインおかず｜朝ラクおかず　●豆・豆腐・卵

調理時間 8min／1人分 296kcal

見た目もかわいく、食感も楽しい一品！

ミックスビーンズ団子

材料（1人分）
A【ミックスビーンズ（ドライパック）30g、豚ひき肉60g、片栗粉大さじ½、酒大さじ1、塩・こしょう各少々】
小麦粉…大さじ½
B【マーマレード大さじ1、しょうゆ大さじ½、みりん小さじ1】

作り方
1 ボウルにAを入れてしっかり混ぜ、3cmくらいの平たい丸に成形し、小麦粉をまぶす。
2 オーブントースターの天板にシリコーン樹脂加工のアルミホイル（P138参照）をしき、1を並べ、5分ほど焼く。
3 耐熱容器にBを入れ、ラップをせずに電子レンジで沸騰するまで加熱して取り出し、2に絡める。

お弁当の彩りに栄える、ヘルシーなつみれ

枝豆のつみれ

調理時間 7min／1人分 179kcal

材料（1人分）
枝豆（薄皮をむく）…正味30g
A【はんぺん½枚(70g)、片栗粉小さじ2、酒大さじ1】
ごま油…小さじ1

作り方
1 保存袋にAを入れ、はんぺんを崩しながら、よくもみ込むようにしっかり混ぜ、枝豆を加え、さらに混ぜる。
2 手にごま油をつけ、1を3cmくらいの小判型に成形する。
3 オーブントースターの天板にシリコーン樹脂加工のアルミホイル（P138参照）をしき、2を並べ、5分ほど焼く。

調理時間 6min／1人分 238kcal

食べごたえ抜群の豚巻きを豆腐でヘルシーに！

豆腐の豚巻き中華ソース

材料（1人分）
木綿豆腐…¼丁
豚肩ロース薄切り肉…3枚
塩・こしょう…各少々
小麦粉…小さじ1
A【オイスターソース大さじ½、甜麺醤小さじ½、にんにく（すりおろし）小さじ⅓、水大さじ1】

作り方
1 豆腐はしっかり水きりし、3等分に切る。
2 豚肉に塩、こしょうをふり、1を巻き、小麦粉をまぶす。
3 耐熱皿にクッキングシートをしき、2をのせ、混ぜ合わせたAをかける。ふんわりとラップをして電子レンジで2分加熱し、そのまま1分ほどおき、絡める。

Part 2 メインおかず 豆・豆腐・卵

混ぜてチンするだけ！ オムレツのような卵焼き
野菜たっぷりレンチン卵焼き（千草焼き風）

調理時間 5 min / 1人分 172 kcal

材料（1人分）
- A【卵1個、コンソメスープの素（顆粒）小さじ¼、マヨネーズ大さじ1】
- さやいんげん（粗みじん切り）…1本分
- にんじん（粗みじん切り）…大さじ1½
- 玉ねぎ（粗みじん切り）…大さじ1½

作り方
1. ボウルにAを入れてよく混ぜ、いんげん、にんじん、玉ねぎを加えて混ぜる。
2. 耐熱容器に1を流し入れ、ふんわりとラップをして電子レンジで1分加熱し、一度取り出してかき混ぜる。上にかけていたラップに卵をのせ、細長い棒状に形を整えてキャンディー状に包み、さらに30秒加熱し、そのまま2分ほどおく。
3. 2が冷めたら食べやすい大きさに切る。

思わずごはんにのっけたくなる一品！
鶏肉と枝豆のガーリックしょうゆ炒め風

調理時間 7 min / 1人分 364 kcal

材料（1人分）
- 枝豆（薄皮をむく）…正味30g
- 鶏もも肉…½枚
- A【しょうゆ・片栗粉各小さじ1、にんにく（すりおろし）小さじ¼、みりん大さじ½、水大さじ1】

作り方
1. 鶏肉はペーパータオルで包んで余分な水けを取り除き、1cm角くらいに切る。
2. 耐熱ボウルに1、Aを入れてよくもみ込み、枝豆を加えて混ぜる。
3. 2にふんわりとラップをして電子レンジで3分加熱し、そのまま2分ほどおき、さっと混ぜる。

野菜たっぷり！ 油いらずのヘルシーハンバーグ
豆腐ハンバーグ

調理時間 7 min / 1人分 259 kcal

材料（1人分）
- 木綿豆腐…60g
- 豚ひき肉…60g
- しいたけ（粗みじん切り）…1個分
- にんじん・さやいんげん（粗みじん切り）…各大さじ1
- しょうが（すりおろし）…小さじ½
- 片栗粉…大さじ1
- 塩…少々
- A【しょうゆ・みりん各大さじ½、砂糖小さじ½】

作り方
1. ボウルにA以外の材料を全て入れ、よく混ぜ、直径3cmくらいの小判型に成形する。
2. 耐熱皿にクッキングシートをしき、1をのせ、よく混ぜたAを回しかけ、ふんわりとラップをして電子レンジで3分加熱し、そのまま2分ほどおく。

89

Column

炊き込みごはんバリエ

炊飯釜で炊くだけのお手軽炊き込みごはん。
調味料や具材でバリエーションは無限大！
もち米を加えたり、肉や魚介類と一緒に炊いたりと、ごはんがメインのお弁当も新鮮です。

＊男子の場合2回分、女子の場合4〜5回分が目安です。

 全量 1136 kcal 調理時間 5 min 炊く時間は除く

もち米を加えた
おこわ風炊き込み。
青じそ香る定番の味

梅干しとじゃこの炊き込みごはん

材料（2合分）
米1.5合、もち米0.5合、梅干し3個、ちりめんじゃこ大さじ3、しょうが½かけ、青じそ5枚、和風だし汁適量

作り方
1 米ともち米はといで水けをきる。梅干しは種を除いてたたく。
2 炊飯釜に米、もち米、梅干しを入れ、2合の目盛りまで和風だし汁を注ぎ、普通に炊く。
3 しょうが、青じそはせん切りにする。
4 2が炊きあがったら、じゃこ、3を加えてざっくり混ぜる。

 全量 1732 kcal 調理時間 5 min 炊く時間は除く

鶏肉を加えて炊いた、
うまみたっぷり
アジア風ごはん

海南チキンライス風

材料（2合分）
米1.5合、もち米0.5合、鶏もも肉1枚、しょうが½かけ、長ねぎ½本、和風だし汁適量、酒大さじ2、鶏がらスープの素（顆粒）小さじ1、ナンプラー大さじ1、塩・こしょう各適量

作り方
1 米ともち米はといで水けをきる。鶏肉は余分な脂と水けを取り除き、塩、こしょうをしっかりふる。しょうがは細いせん切り、長ねぎは5mm幅の輪切りにする。
2 炊飯釜に米、もち米を入れ、2合の目盛りまで和風だし汁を注ぎ、しょうが、長ねぎ、酒、鶏がらスープの素、鶏肉を加えて普通に炊く。
3 炊きあがったら、鶏肉を取り出し、ナンプラー、塩、こしょうをふり、ざっくり混ぜて味をととのえる。鶏肉をキッチンバサミでひと口大に切り、ごはんに盛る。

 全量 1311 kcal 調理時間 5 min 炊く時間は除く

あさりのうまみが
ごはんに染み込む、
香りよい洋風ごはん

炊き込みあさりのピラフ

材料（2合分）
米1.5合、もち米0.5合、あさりの缶詰1缶（固形60g）、玉ねぎ½個、セロリ½本、にんじん½本、コンソメスープの素（顆粒）小さじ1、白ワイン大さじ1、塩・こしょう各少々、バター10g、水適量

作り方
1 米ともち米はといで水けをきる。玉ねぎ、セロリ、にんじんは粗みじん切りにする。
2 炊飯釜に米、もち米、あさりの缶汁を入れ、2合の目盛りまで水を注ぎ、あさり、1の野菜、コンソメスープの素、白ワイン、塩、こしょうを加え、普通に炊く。
3 炊きあがったら、バターを加えてよく混ぜる。

> **残った炊き込みごはんの保存方法**
>
> 残ったごはんは、小分けにして冷凍しておくと、1カ月ほど保存できます。炊きたてのごはんを、1回分ずつラップに広げてのせ、すき間なくぴっちりと包み、粗熱がとれたら冷凍室へ。できれば金属トレイにのせて急速冷凍がおすすめです。食べるときは、電子レンジで1分30秒加熱し、様子を見ながら30秒ずつ足して解凍すれば、ほかほかで炊き立てのようなおいしさに！

 全量 1812 kcal　 調理時間 5 min
※炊く時間は除く

鶏がらスープで炊いた
具だくさんごはん

ゴロッと鶏飯

材料（2合分）
米1.5合、もち米0.5合、鶏もも肉1枚、にんじん½本、きくらげ（戻したもの）4個、長ねぎ½本、油揚げ1枚、しょうが（せん切り）½かけ分、A【しょうゆ大さじ1½、酒大さじ1、鶏がらスープ（顆粒）大さじ½】、水適量

作り方
1 米ともち米はといで水けをきる。鶏肉はペーパータオルで包んで余分な水けを取り除き、2cm角に切る。にんじんは小さめの短冊切りにし、きくらげはせん切りにする。長ねぎは5mm幅の輪切りにする。油揚げは熱湯をかけて油抜きし、上から押さえて水けを出し、小さめの短冊切りにする。
2 炊飯釜に米、もち米、Aを入れ、2合の目盛りまで水を注ぎ、しょうが以外の具材を加え、普通に炊く。
3 炊きあがったら、しょうがを加え、全体をざっくり混ぜる。

 全量 1365 kcal　 調理時間 3 min
※炊く時間は除く

もち米とベーコンを加えた
お弁当向きピラフ

カレーピラフ

材料（2合分）
米1.5合、もち米0.5合、厚切りベーコン⅛枚、玉ねぎ½個、セロリ½本、さやいんげん10本、A【ウスターソース大さじ1、カレー粉大さじ½、コンソメスープの素（顆粒）小さじ1、塩・こしょう各少々】

作り方
1 ベーコンは5mm幅に切る。玉ねぎ、セロリは粗みじん切りにし、いんげんはヘタを切り落として5mm幅に切る。米ともち米はといで水けをきる。
2 炊飯釜に米、もち米、Aを入れ、2合の目盛りまで水を注ぎ、具材を加え、普通に炊く。
3 炊きあがったら、よく混ぜる。

 全量 1791 kcal　 調理時間 5 min
※炊く時間は除く

オイスターソース風味の
ジューシーな豚肉が美味

大根と豚バラの
炊き込みごはん

材料（2合分）
米1.5合、もち米0.5合、大根¼本、豚バラかたまり肉150g、しいたけ3枚、長ねぎ½本、しょうが½かけ、A【オイスターソース大さじ1、酒大さじ1、しょうゆ大さじ½】、鶏がらスープの素（顆粒）小さじ1、水適量

作り方
1 大根、軸を切り落としたしいたけは1cm角に切る。豚肉は1cm角に切り、Aをもみ込む。長ねぎは1cm角に切り、しょうがは細いせん切りにする。米ともち米はといで水けをきる。
2 炊飯釜に米、もち米、鶏がらスープの素を入れ、2合の目盛りまで水を注ぎ、しょうが以外の具材を加え、普通に炊く。
3 炊きあがったら、しょうがを加えて混ぜる。

Column

混ぜごはんバリエ

白いごはんに飽きたら混ぜごはんにチャレンジ！
混ぜる具材はしっかり味の食材や、ごはんがベタっとしないように
水分をきった漬物、水分がにじまない食材を選びましょう。

1回量 447 kcal　調理時間 15 min

1回量 502 kcal　調理時間 10 min

1回量 465 kcal　調理時間 10 min

香ばしい焼きたらこと
青じそが安定のおいしさ

たらこと青じその混ぜごはん

材料（1人分）
温かいごはん200g、たらこ1腹、青じそ3枚、しょうが⅓かけ、白炒りごま小さじ1

作り方
1 たらこは爪楊枝で数カ所穴をあけ、アルミホイルで包んで魚焼きグリルにのせ、10分ほど焼き、粗くほぐす。青じそ、しょうがは細いせん切りにする。
2 ボウルにごはん、1、白炒りごまを入れて混ぜる。

うなぎを使って
ちょっぴり豪華な
混ぜごはん

うなきゅうごはん

材料（1人分）
温かいごはん200g、うなぎの蒲焼き½枚、付属のタレ大さじ½、きゅうり½本、みょうが½個、山椒少々、塩少々

作り方
1 うなぎは温め、1cm幅に切り、タレに絡める。きゅうりは薄い輪切りにし、塩でもみ、しんなりしたら水けを絞る。みょうがは細いせん切りにする。
2 ボウルにごはん、1、山椒を入れて混ぜる。

高菜の塩けとひき肉の
うまみがマッチ！

鶏そぼろと高菜ごはん

材料（1人分）
温かいごはん200g、鶏ひき肉50g、高菜漬け50g、しょうが（みじん切り）小さじ1、白炒りごま小さじ1

作り方
1 高菜漬けは粗みじん切りにする。
2 フライパンに油をひかずにひき肉、しょうがを入れて炒め、1を加えてさらに炒める。
3 ボウルにごはん、2、白炒りごまを入れて混ぜる。

もっと簡単に作りたいときは、市販品を活用！

できれば毎回具だくさんの手作り混ぜごはんを作ってあげたいものですが、忙しい朝はそうもいかないのが本当のところ。そんなときは、ゆかりや、ちりめんじゃこ、佃煮などのしっとりしたふりかけや、市販の混ぜる具材の素を使って混ぜごはんを作る日があってもOKです。毎日のことだからこそ、無理せず続けられる方法で作りましょう。

1回量 557kcal　調理時間 15min

三つ葉の香りと鮭の塩味のバランスが絶妙！

鮭と三つ葉の混ぜごはん

材料（1人分）
温かいごはん200g、塩鮭（中辛・切り身）1切れ、三つ葉2本、みりん大さじ1、白炒りごま小さじ1

作り方
1 塩鮭にみりんをかけて10分ほどおき、魚焼きグリルで両面2〜3分ずつ焼く。皮と骨を取り除き、粗めにほぐす。三つ葉は1cm幅くらいのざく切りにする。
2 ボウルにごはん、1、白炒りごまを入れて混ぜる。

1回量 503kcal　調理時間 5min

香り広がるセロリとツナの相性は抜群

ツナと薬味の混ぜごはん

材料（1人分）
温かいごはん200g、ツナ缶60g、セロリの葉5枚、しょうが1/3かけ、万能ねぎ2本、塩・こしょう各少々

作り方
1 ツナは油をしっかりきる。セロリの葉、しょうがは細いせん切りにし、万能ねぎは小口切りにする。
2 ボウルにごはん、1を入れてしっかり混ぜ、塩、こしょうで味をととのえる。

1回量 374kcal　調理時間 5min

かぶのやさしい色合いに癒やされるヘルシーごはん

かぶとじゃこの混ぜごはん

材料（1人分）
温かいごはん200g、かぶ1/2〜1個、かぶの葉・茎2本、しょうが1/4かけ、ちりめんじゃこ大さじ2、塩少々

作り方
1 かぶは薄い半月切りにし、葉と茎は5mm幅に切り、一緒に塩でもみ込み、しんなりしたら水けを絞る。しょうがはせん切りにする。
2 ボウルにごはん、1、じゃこを入れてよく混ぜる。

93

Column

サンドイッチバリエ

食パンだけじゃない！
持ち運びに便利なパンを使ったサンドイッチのバリエーションを広げれば、詰める時間も短縮に。具材をたっぷりサンドして、栄養バランスもバッチリです。

1回量 390kcal / 調理時間 10min

1回量 425kcal / 調理時間 7min

1回量 283kcal / 調理時間 5min

ふんわりジューシーなバゲットでハムとチーズをサンド
フレンチトーストサンド

材料（1人分）
バゲット（1cm幅の斜め切り）4枚、ハム2枚、レッドチェダーチーズ2枚、**A**【卵1個、牛乳50ml、 コンソメスープの素（顆粒）小さじ⅓】、ドライバジル少々

作り方
1 バゲットはよく混ぜた**A**に5分ほど浸け、網にとって余分な卵液をきる。
2 1をオーブントースターの天板にシリコーン樹脂加工のアルミホイル（P138参照）をしいて、1分ほど焼き、サンドする片方にハム、チーズをのせ、5〜6分焼く。
3 2のバゲットの具を挟むように2枚を重ねてドライバジルをふる。

甘酸っぱいなますがアクセントになるベトナム風サンド
バインミー

材料（1人分）
バゲット½本、チャーシュー3〜4枚、エスニックなます（P45）適量、サニーレタス2枚、オリーブオイル大さじ1、パクチー適量

作り方
1 バゲットに切り込みを入れ、切り口にオリーブオイルをかけ、サニーレタス、チャーシュー、なますを順に挟み、パクチーをのせる。

人気のチーズハンバーガーをピクルスと一緒に
ハンバーガー

材料（1人分）
ロールパン1個、ハンバーグ（P33のBを絡める前のもの）1個、レッドチェダーチーズ½枚、サラダ菜1枚、ピクルス½本、バター小さじ½、トマトケチャップ小さじ1

作り方
1 シリコーン樹脂加工のアルミホイル（P138参照）にハンバーグをのせ、上にチーズをのせ、3分ほど焼く。
2 ロールパンは横半分に切り、切り口にバターを塗り、サラダ菜、1、ケチャップ、ピクルスの順にのせ、挟む。

組み合わせるおかずはサラダやスープがおすすめ

具に肉や魚、卵などのタンパク質を挟んだサンドイッチには、サラダや野菜たっぷりのスープのおかずを組み合わせるのがおすすめです。スープはスープジャーに入れて持っていけば、温かいままで食べられるのがうれしい！ サラダはドレッシングを別添えにし、プラスチック製の容器に入れて持っていくと食べやすいですよ。

生クリームを加えた
厚焼き卵が
パンに合う

ボリューム厚焼き卵のサンド

材料（1人分）
食パン（8枚切り）2枚、A【卵3個、生クリーム50ml、コンソメスープの素（顆粒）小さじ½】、サラダ油小さじ1、からしバター（からしとバターを1:2で混ぜ合わせたもの）適量、トマトケチャップ小さじ1

作り方
1 ボウルにAを入れ、混ぜる。卵焼き器にサラダ油を熱し、Aを入れてかき混ぜ、スクランブルエッグ状になったら半分に折り、食パンの大きさに合わせて厚めの卵焼きを作り、粗熱をとる。
2 食パンの片面にからしバター、ケチャップを順に塗り、1を挟む。
3 しばらくおいて落ち着いたら、耳を切り落とし、食べやすい大きさに切る。

甘辛韓国炒めと
青じその香りが
クセになる！

ロールパンのプルコギサンド

材料（1人分）
ロールパン1個、プルコギ（P165）¼量分、キャベツ⅓枚、青じそ½枚、バター小さじ½

作り方
1 キャベツ、青じそはせん切りにし、よく混ぜる。
2 ロールパンに切り込みを入れ、切り口にバターを塗り、1、プルコギの順に挟む。

中華風照り焼きと
シャキシャキ野菜で
ボリュームたっぷり！

照り焼きチキンサンド

材料（1人分）
食パン（8枚切り）2枚、中華風鶏照り焼き（P60）2個、きゅうり⅓本、サラダ菜3枚、からしバター（からしとバターを1:2で混ぜ合わせたもの）小さじ1、マヨネーズ小さじ1

作り方
1 きゅうりは薄切りにする。
2 食パンの片面にからしバター、マヨネーズを塗り、サラダ菜、きゅうり、中華風鶏照り焼きの順にのせ、挟む。
3 しばらくおいて落ち着いたら、半分に切る。

529 kcal　15 min

サクッとフライにタルタルソースが
ベストマッチ

フィレオフィッシュ

材料（1人分）
食パン（8枚切り）2枚、白身魚のチーズマヨフライ（P73）2個、キャベツ1枚、青じそ2枚、からしバター（からしとバターを1:2で混ぜ合わせたもの）小さじ1、タルタルソース（下記）適量

作り方
1　キャベツと青じそはせん切りにし、よく混ぜる。
2　食パンの片面にからしバターを塗り、1、白身魚のチーズマヨフライ、タルタルソースの順にのせ、挟む。
3　しばらくおいて落ち着いたら、半分に切る。

タルタルソースの材料と作り方
（作りやすい分量）
ゆで卵（粗みじん切り）1個分、ピクルス（みじん切り）1本分、玉ねぎ（みじん切り）大さじ1、粒マスタード小さじ1、塩・こしょう各少々を混ぜ合わせる。

527 kcal　10 min

目玉焼きにカリカリベーコンで
安定のおいしさ

クラブサンド

材料（1人分）
食パン（8枚切り）2枚、スライスベーコン2枚、卵1個、きゅうり¼本、サラダ菜3枚、からしバター（からしとバターを1:2で混ぜ合わせたもの）適量、オリーブオイル小さじ½、サラダ油小さじ1

作り方
1　フライパンにオリーブオイルを熱し、ベーコンをカリッと焼く。卵はサラダ油を熱したフライパンで両面焼きの目玉焼きを作る。きゅうりは薄切りにする。食パンは色よく焼く。
2　食パンの片面にからしバターを塗り、サラダ菜、きゅうり、ベーコン、目玉焼きの順にのせ、挟む。
3　しばらくおいて落ち着いたら、半分に切る。

サンドイッチは別容器に詰めたり、ラッピングしても

形が崩れやすいので、別容器に入れたり、ラッピングして持っていくのがおすすめ。別容器にする場合は、空き箱にカラフルなワックスペーパーや紙ナフキンをしいてから詰めるとかわいらしくなります。ラッピングする場合は、ワックスペーパーやオーブンシート、グラシン紙などで包み、柄入りのマスキングテープで留めると、かわいく、簡単なうえ、かさばりません。

Part 3

朝詰めるだけ &
時短のお弁当
【サブおかず】

野菜のサブおかずを「赤、黄、緑、茶・黒、白」の色別で紹介します。
違う色のおかずを組み合わせれば、お弁当の彩りがアップ!
野菜のおかずをマスターして、栄養バランスのよいお弁当を作りましょう。

詰めるだけ！ダイエット女子弁当❶

大豆のドライカレー弁当

大豆には、ダイエット女子に欠かせない美の栄養イソフラボンがたっぷり！
カレーのスパイスで代謝を上げて、かわいい色みのサブおかずを選べば女子力アップなお弁当に。

主食
ごはん150g
252kcal

食べごたえがあるのにヘルシー

サブおかず
ラディッシュとうずらのピクルス ▶▶P106

[コツ] うずらのコクとラディッシュの甘酸っぱさがよい箸休めに。ころんとした形とピンク色で、お弁当を華やかに。[52kcal]

メインおかず
大豆のドライカレー ▶▶P81

[コツ] カレーの香りに食欲をそそられる一品。汁けがなくなるまでしっかりと煮詰めることで、冷めてもおいしい！[167kcal]

サブおかず
かぼちゃのごまマヨサラダ ▶▶P110

[コツ] 甘いものが欲しくなるダイエット女子に、かぼちゃはうれしい食材。ごまマヨが甘みを引き立たせてくれます。[95kcal]

総エネルギー
566 kcal

朝ラクのサブおかずと組み合わせてもOK！

 ミニトマトとツナのごまマヨ和え ▶▶P108

 ズッキーニのピザ ▶▶P121

 しめじのナムル ▶▶P126

チーズがまろやかなズッキーニのピザはカレーにマッチ。食物繊維が豊富なしめじのおかずをプラスしても◎。

詰めるだけ！ダイエット女子弁当❷
酢鶏弁当

ヘルシーな鶏肉でカロリーダウンした酢鶏をメインに、レモンを使ったサブおかずで不足しがちなビタミンCを補給。バランスよく、美容にもうれしいお弁当に仕上げました。

主食
ごはん150g＋
黒炒りごま適量
261kcal

ビタミンとリコピンで美肌効果！

メインおかず
酢鶏 ▶▶P59
[コツ] ケチャップと酢をたっぷり絡ませるので、ごはんとの相性も抜群に。サラダ菜で仕切ってたっぷり詰めましょう。[305kcal]

サブおかず
かぶとレモンの浅漬け ▶▶P128
[コツ] 浅漬けは、白、黄、緑と配色よく並べて詰めると彩りがよくきれいに。[12kcal]

サブおかず
さつまいもとレーズンのレモン煮 ▶▶P111
[コツ] 甘みと酸味のバランスが絶妙のさつまいもは、中央に並べるように詰めると間仕切りにもなりおすすめです。[100kcal]

総エネルギー
678 kcal

朝ラクのサブおかずと組み合わせてもOK！

かぼちゃの
ハーブロースト
▶▶P115

なすの
チーズ焼き
▶▶P127

大根とベーコンの
温サラダ
▶▶P133

野菜がしっかり入ったメインおかずには、シンプルなおかずを合わせても、満足感のあるお弁当に。

詰めるだけ！ダイエット女子弁当❸

チキンのトマト煮弁当

トマトソースをたっぷり絡めたチキンをメインに、もりもり食べられるヘルシー食材を使ったサブおかずを合わせて、食べごたえのあるお弁当に。

サブおかず
きのこのアラビアータ ▶▶P122

[コツ] カロリーの低いきのこ類はダイエット女子の強い味方。しっかりとした味つけにして食べる楽しさを演出して。[29kcal]

主食
ごはん150g＋ふりかけ適量
[261kcal]

メインおかず
チキンのトマト煮 ▶▶P59

[コツ] リコピンたっぷりのトマト煮はチキンとの相性も抜群。大ぶりなチキンをよく噛むことで満足感が得られます。[303kcal]

サブおかず
キャロットラペ ▶▶P105

[コツ] スライスするという意味のラペは、にんじんをもりもり食べられるおかずです。日持ちするので常備菜にも。[32kcal]

きのこは食物繊維が豊富！

総エネルギー **625kcal**

朝ラクのサブおかずと組み合わせてもOK！

かぼちゃのハーブロースト ▶▶P115

ブロッコリーとカマンベールのハーブロースト ▶▶P120

たらもサラダ ▶▶P133

チーズは糖質が低く、コクがあって満足感が得やすいので、ダイエット中のおかずに入れるのもおすすめ。

詰めるだけ！ダイエット女子弁当 ❹

豚肉のチーズロール弁当

和風の定番おかずも、はちみつやチーズを加えておしゃれにアレンジ。
雑穀ごはんでさらに栄養満点！　飽きのこないヘルシー弁当です。

サブおかず

**紫キャベツと
りんごのピクルス
▶▶P106**

[コツ] きれいな紫色のサブおかずは、見た目の鮮やかさだけでなく箸休めにも◎。お肉の近くにこんもりと盛って。[31kcal]

主食

雑穀ごはん150g＋
黒炒りごま適量
[261kcal]

サブおかず

**アスパラの
ごま和え　▶▶P116**

[コツ] はちみつとすりごまがしっかり絡むので、カップに入れずにすき間にバランスよく入れてもOK！[59kcal]

メインおかず

**豚肉の
チーズロール
▶▶P63**

[コツ] 野菜とチーズの彩りがいいので、半分に切って、断面を見せるようにお弁当箱に詰めて。[289kcal]

雑穀ごはんは噛むほどに味が出る

総エネルギー
640 kcal

朝ラクのサブおかずと組み合わせてもOK！

さつまいもと
りんごのきんとん
▶▶P114

ピーマンと
ちくわの和え物
▶▶P121

しめじのナムル
▶▶P126

和え物やナムルは、野菜がしっかり摂れるうえ、ヘルシー。甘みのあるきんとんは女子に人気のメニューです。

詰めるだけ！ダイエット女子弁当⑤

牛肉と糸こんにゃくのチャプチェ弁当

ナンプラーとしょうがで炊いたアジア風チキンライスには、甘辛のうまみが後を引くチャプチェが好相性。別々で食べても丼風にしても楽しめるお弁当に。

主食

海南チキンライス風 ▶▶P90

[コツ] 盛りつけは鶏肉をごはんの上にのせて、パクチーなどの香草を添えてあげるときれいです。[346kcal]

メインおかず

牛肉と糸こんにゃくのチャプチェ ▶▶P64

[コツ] 春雨を糸こんにゃくに変えてカロリーダウン。ごはんによく合う一品なので隣に盛りつけるのがおすすめ！[173kcal]

サブおかず

ラディッシュの甘酢漬け ▶▶P107

[コツ] 胃腸に優しいラディッシュは甘酢漬けでさっぱりと。ピンクの色みがかわいらしく、箸休めにもぴったりです。[17kcal]

甘辛炒めで冷めてもおいしい！

総エネルギー **536kcal**

朝ラクのサブおかずと組み合わせてもOK！

赤パプリカともやしのナムル ▶▶P108

しいたけのツナマヨ焼き ▶▶P126

玉ねぎと桜えびのナムル ▶▶P132

主食とメインおかずに肉が入っているので、サブおかずで野菜をしっかりとれるおかずを合わせて。

詰めるだけ！ダイエット女子弁当 ⑥

サーモンのマヨ炒め弁当

甘酢のなますとチャーシューがベストマッチのバインミー。噛みごたえのあるバゲットで満腹感を出し、ダイエット女子のよろこぶおしゃれなデリ風弁当に。

○ 主食

バインミー ▶▶P94

[コツ] サニーレタスは縦長に細かくちぎってから挟むと食べやすい。お弁当箱に詰めずにラッピングするのが◎。
[142kcal]

甘酸っぱい
なますが
アクセント

○ メインおかず

サーモンのマヨ炒め ▶▶P75

[コツ] サーモンピンクにバジルがおいしそうに映える、見ためも華やかな一品。立てるように並べて詰めて。
[364kcal]

○ サブおかず

いんげんとピーナッツの炒め物 ▶▶P118

[コツ] 煮汁を飛ばし、しっかり冷ましてから詰めて。味がよくなじみ、食感も楽しめるサブおかずです。[51kcal]

総エネルギー
557 kcal

朝ラクのサブおかずと組み合わせてもOK！

赤パプリカと鶏肉のエスニック炒め風
▶▶P108

ズッキーニのピザ
▶▶P121

焼きコロッケ
▶▶P133

カロリーを抑えた焼きコロッケは、ダイエット中におすすめ。赤パプリカやズッキーニで彩りをアップさせて。

サブおかず　作りおきおかず　●赤の野菜

だし汁とじゃこで煮含めたやわらかにんじん

にんじんとじゃこの甘辛煮

材料（6回分）
にんじん…2本
ちりめんじゃこ…大さじ3
和風だし汁…200ml
A【薄口しょうゆ・みりん各大さじ1、砂糖小さじ1、しょうが（薄切り）2枚】

作り方
1 にんじんは1cm幅の輪切りにする。
2 鍋に和風だし汁、1を入れてやわらかくなるまで煮る。
3 2にじゃこ、Aを加え、煮含める。

Point ちりめんじゃこはカルシウム豊富なので、積極的に食べたい食材。噛むたびに広がるじゃこのうまみで、後を引くおかずです。

1回分 47kcal / 冷蔵3日 / 冷凍2週間

パプリカにうまみがたっぷり染み込む炒め物

赤パプリカとベーコンの
オイスターソース炒め

材料（6回分）
パプリカ(赤)…1個
スライスベーコン…3枚
小麦粉…大さじ1
A【オイスターソース大さじ½、しょうゆ小さじ1、にんにく（すりおろし）小さじ¼】
塩・こしょう…各少々
サラダ油…小さじ1

作り方
1 パプリカはヘタと種を取り除いて縦に1cm幅に切り、さらに半分に切る。ベーコンは1cm幅に切り、小麦粉をまぶす。
2 フライパンにサラダ油を熱し、1を入れて炒め、Aを加え、塩、こしょうで味をととのえる。

1回分 54kcal / 冷蔵3日 / 冷凍2週間

おすすめ！メインおかず 棒棒鶏 →P70　 はんぺんのチーズ挟み焼き →P78

サックサクの食感が楽しめる塩かき揚げ

にんじんとさつまいものかき揚げ

材料（6回分）
にんじん…½本
さつまいも…¼本
天ぷら粉…50g
塩…少々
揚げ油…適量

作り方
1 にんじん、さつまいもは細いせん切りにし、さつまいもは水にさらしてアク抜きし、水けをきる。
2 ボウルに天ぷら粉、水50〜70mlを入れて溶き、1を加えてよく絡め、12等分にしながら170℃の揚げ油で揚げる。
3 2に塩をふる。

Point 保存したものを電子レンジ加熱する際、めんつゆをかけると甘辛くておいしい。

1回分 86kcal / 冷蔵3日 / 冷凍2週間

お弁当が明るい雰囲気になる赤の野菜のおかずは、作りおきをしておくと彩りを添えるのに最適！　ビタミンCやβ-カロテンなどの栄養が豊富です。

Part 3 サブおかず ○赤の野菜

にんじんのさっぱりグラッセ
レモンにマスタード、バター風味がおいしい

1回分 68kcal　冷蔵3日　冷凍2週間

材料（6回分）
にんじん…2本
A【バター20g、レモン汁大さじ1、はちみつ大さじ2、粒マスタード小さじ1、塩・こしょう各少々】

作り方
1 にんじんは1cm幅の輪切りにし、水から塩ゆでする。
2 1のにんじんがやわらかくなったら、鍋の湯を捨て、Aを加え、強火で煮詰める。

おすすめ！メインおかず

 ウインナーのカレーマヨ焼き →P69
 厚揚げの洋風田楽 →P86

赤パプリカとハムの中華風和え物
シャキシャキ野菜にごま油が香るお手軽和え

1回分 52kcal　冷蔵3日　冷凍NG

材料（6回分）
パプリカ(赤)…1個
長ねぎ…⅓本
ハム…4枚
A【白炒りごま・ごま油各大さじ½、こしょう少々、鶏がらスープの素（顆粒）小さじ1】

作り方
1 ヘタと種を取り除いたパプリカ、長ねぎ、ハムは細切りにする。
2 ボウルに1、Aを入れてよく和える。

おすすめ！メインおかず
 エスニックチャーシュー風 →P71
 厚揚げとスパムのオイスターソース炒め風 →P87

キャロットラペ
スライスにんじんにレモンが香る洋風サラダ

1回分 32kcal　冷蔵5日　冷凍NG

材料（6回分）
にんじん…2本
レモン(薄切り)…3枚
塩…少々
A【レモン汁大さじ2、砂糖・オリーブオイル各小さじ1、塩・こしょう各適量】

作り方
1 にんじんはスライサーで細いせん切りにし、塩をまぶし、しんなりしたら水けをしっかり絞る。レモンは6等分に切る。
2 ボウルに1、Aを入れてよく和える。

Point 切った材料と調味料を和えるだけで簡単。レモンの酸味がさわやかで、箸休めにもぴったりです。にんじんの水けをしっかり絞るのがコツ。

105

サブおかず　｜　作りおきおかず ● 赤の野菜

1回分 52 kcal／冷蔵5日／冷凍NG

ラディッシュの色素で染まったうずらがきれい

ラディッシュとうずらのピクルス

材料（6回分）
ラディッシュ…12個
ゆでうずらの卵…12個
A【酢大さじ3、砂糖大さじ1½、白ワイン大さじ1、コンソメスープの素（顆粒）小さじ⅓、塩小さじ½、黒粒こしょう少々、ローリエ1枚、水130ml】

作り方
1 ラディッシュは葉を切り落とし、半分の深さまで細かい格子状に切り目を入れる。
2 耐熱ボウルにAを入れ、ラップをせずに電子レンジで沸騰するまで1分30秒〜2分加熱し、粗熱をとる。
3 2に1、うずらの卵を加えて混ぜ、冷蔵庫で1時間ほどおく。

Point 淡いピンクがかわいいおかずです。ラディッシュに切り目を入れることで、しっかりと味がなじみます。コンソメスープの素を使えば味が決まりやすい！

1回分 31 kcal／冷蔵5日／冷凍NG

りんごの甘みと酸味で上品な仕上がりの一品

紫キャベツとりんごのピクルス

材料（6回分）
紫キャベツ…⅙個
りんご…½個
塩・こしょう…各適量
A【酢大さじ3、砂糖大さじ1½、白ワイン大さじ1、コンソメスープの素（顆粒）小さじ⅓、黒粒こしょう少々、ローリエ1枚、水130ml】

作り方
1 紫キャベツは太めのせん切りにする。りんごは皮をむかずにキャベツの太さに合わせてせん切りにし、塩少々を和える。
2 耐熱ボウルにAを入れ、ラップをせずに電子レンジで沸騰するまで1分30秒〜2分加熱し、粗熱をとる。
3 2に1を加えて混ぜ、塩、こしょうで味をととのえる。

1回分 47 kcal／冷蔵5日／冷凍NG

マヨネーズにレモン汁を加えてさわやかに

紫キャベツとレモンのコールスロー

材料（6回分）
紫キャベツ…¼個
玉ねぎ…½個
A【マヨネーズ大さじ2、レモン汁大さじ1、ピンクペッパー少々】
塩・こしょう…各適量

作り方
1 紫キャベツは太めのせん切りにする。玉ねぎは薄切りにする。
2 ボウルにAを入れて混ぜ、1を加えて混ぜ、塩、こしょうで味をととのえる。

おすすめ！メインおかず　 サーモンのマヨハーブ焼き →P78　 野菜たっぷりレンチン卵焼き →P89

Part 3 サブおかず ○赤の野菜

輪切りにして味が染み込みやすく、食感も◎

ラディッシュの甘酢漬け

材料（6回分）
ラディッシュ…12個
A【酢大さじ2、砂糖・みりん各大さじ1、塩小さじ⅓、水100ml】

作り方
1 ラディッシュは葉を切り落とし、薄切りにする。
2 Aを耐熱ボウルに入れ、ラップをせずに電子レンジで沸騰するまで1分～1分30秒加熱し、粗熱をとる。
3 2に1を加えて混ぜ、冷蔵庫で半日漬ける。

1回分 17kcal / 冷蔵7日 / 冷凍NG

  ガリバタ豚じゃが →P70　 枝豆のつみれ →P88

ナッツとカレー粉で生にんじんがおいしくなる！

にんじんとナッツのサラダ

材料（6回分）
にんじん…2本
くるみ（ロースト）…30g
アーモンド（ロースト）…30g
塩…少々
A【酢大さじ1、はちみつ小さじ2、オリーブオイル大さじ½、カレー粉小さじ⅓、塩・こしょう各少々】

作り方
1 にんじんはスライサーで細いせん切りにし、塩をまぶし、しんなりしたら水けをしっかり絞る。くるみ、アーモンドは粗く砕く。
2 ボウルにAを入れて混ぜ、1を加え、よく和える。

1回分 101kcal / 冷蔵5日 / 冷凍NG

 Point カレー粉を加えて、スパイシーに仕上げたおかずです。味つけのマンネリ防止にもおすすめ。くるみとアーモンドでコクが加わるうえ、噛みごたえがあるので、満足感もアップ。

オリーブオイルとレモン汁のさわやかマリネ

ミニトマトと小えびのマリネ

材料（6回分）
ミニトマト…18個
小えび…18尾
A【レモン汁大さじ1、オリーブオイル小さじ1、砂糖小さじ½、ローリエ1枚、塩・こしょう各少々】

作り方
1 ミニトマトは爪楊枝で2カ所穴をあけ、小えびは塩ゆでする。
2 ボウルにAを入れてよく混ぜ、1を加えてよく和える。

1回分 48kcal / 冷蔵3日 / 冷凍NG

  ピーマンの肉詰め →P71　 いかのマヨカレー焼き →P77

107

サブおかず　朝ラクおかず　● 赤の野菜

パジルとナンプラーでパプリカがグッとおいしく！
赤パプリカと鶏肉のエスニック炒め風

調理時間 7 min　1人分 378 kcal

材料（1人分）
パプリカ（赤）…1/6個
鶏もも肉…1/2枚
玉ねぎ…1/6個
ナンプラー・スイートチリソース…各大さじ1/2
コンソメスープの素（顆粒）…小さじ1/3
ドライバジル…少々
小麦粉…大さじ1/2
サラダ油…小さじ1

作り方
1 ヘタと種を取り除いたパプリカと玉ねぎは1cm角に切る。鶏肉はひと口大に切る。
2 耐熱ボウルに全ての材料を入れ、よく混ぜ、ふんわりとラップをして電子レンジで3分加熱し、そのまま2分ほどおく。

電子レンジで作れる！　シャキシャキナムル
赤パプリカともやしのナムル

調理時間 5 min　1人分 49 kcal

材料（1人分）
パプリカ（赤）…1/4個
もやし…1/6袋
鶏がらスープの素（顆粒）…小さじ1/2
酒…小さじ1
塩・こしょう…各少々
ごま油…小さじ1/3
白炒りごま…小さじ1/2

作り方
1 パプリカはヘタと種を取り除き、せん切りにする。
2 耐熱ボウルに1、もやし、鶏がらスープの素、酒を入れ、ふんわりとラップをして電子レンジで3分加熱し、そのまま1分ほどおく。
3 2に塩、こしょうを加えて味をととのえ、ごま油、白炒りごまを加えてしっかり混ぜる。

丸ごとミニトマトとツナのトースター焼き
ミニトマトとツナのごまマヨ和え

調理時間 7 min　1人分 137 kcal

材料（1人分）
ミニトマト…3個
ツナ缶…20g
A【マヨネーズ・白すりごま各大さじ1/2、しょうゆ小さじ1/4】

作り方
1 ミニトマトは半分に切る。ツナは軽く油をきる。
2 オーブントースターの天板にシリコーン樹脂加工のアルミホイル（P138参照）をしき、1をのせて3～5分焼く。
3 ボウルにAを入れて混ぜ、2を加えて和える。

お弁当に「赤」が入ると彩りがいっきに華やかに！　赤の野菜が入ったおかずは、彩りだけでなく栄養豊富なものもいっぱい。見た目も、栄養面でもうれしいおかずを紹介します。

Part 3 サブおかず ● 赤の野菜

トースターで作れる、韓国風お好み焼き
ミニトマトとじゃこのチヂミ

材料（1人分）
- ミニトマト…3個
- 万能ねぎ…1本
- ちりめんじゃこ…大さじ1
- A【小麦粉25g、片栗粉8g、塩小さじ¼、溶き卵大さじ2、水30ml】
- ごま油…小さじ½
- B【りんご酢小さじ1、白すりごま・しょうゆ各小さじ½、一味唐辛子少々】

作り方
1. ミニトマトは輪切りにし、万能ねぎは小口切りにする。
2. ボウルにAを入れてしっかり混ぜ、1、じゃこを加えてざっくり混ぜる。
3. オーブントースターの天板にシリコーン樹脂加工のアルミホイル（P138参照）をしき、ごま油を塗り、2を5cmくらいの丸に流し入れ、5〜8分焼く。
4. 3は食べやすい大きさに切る。Bはしっかりと混ぜ、お弁当箱とは別の容器に入れる。

調理時間 10 min ／ 1人分 220 kcal

調味料を和えたら、あとはレンジ加熱だけ！
にんじんとウインナーのスパイシー炒め風

材料（1人分）
- にんじん…⅙本
- ウインナーソーセージ…2本
- A【カレー粉・コンソメスープの素（顆粒）各小さじ¼、片栗粉小さじ½、塩・こしょう各少々】
- オリーブオイル…小さじ½

作り方
1. にんじんは太めの細切り、ウインナーは斜め薄切りにする。
2. 耐熱ボウルに1、Aを入れて混ぜ、ふんわりとラップをして電子レンジで2分加熱し、そのまま1分ほどおく。
3. 2にオリーブオイルを加え、ざっくり混ぜる。

調理時間 5 min ／ 1人分 166 kcal

せん切りにんじんと卵とちくわ入り和風炒め
にんじんのしりしり

材料（1人分）
- にんじん…⅙本
- ちくわ…½本
- 溶き卵…½個分
- しょうゆ…小さじ⅓
- ごま油…小さじ½
- 塩・こしょう…各少々

作り方
1. にんじんはスライサーでせん切りにする。ちくわは斜め薄切りにする。
2. 耐熱ボウルに1、しょうゆ、ごま油を入れて混ぜ、ふんわりとラップをして電子レンジで2分加熱し、一度取り出し、溶き卵を加えて混ぜる。
3. 2にふんわりとラップをしてさらに電子レンジで1分加熱し、塩、こしょうで味をととのえる。

調理時間 7 min ／ 1人分 82 kcal

サブおかず | 作りおきおかず ● 黄の野菜

1回分 122 kcal 冷蔵4日 冷凍2週間

1回分 109 kcal 冷蔵4日 冷凍2週間

1回分 95 kcal 冷蔵3日 冷凍2週間

メープルシロップのやさしい甘さと香りが魅力

メープル大学いも

材料（6回分）
さつまいも…中1本
A【メープルシロップ50ml、薄口しょうゆ小さじ1】
揚げ油…適量

作り方
1. さつまいもは皮をきれいに洗い、ひと口大の乱切りにする。水にさらしてアク抜きし、ペーパータオルで水けを取り除く。
2. 1を170℃の揚げ油で素揚げする。
3. フライパンにAを入れて煮詰め、2を加え、絡める。

> おすすめ！メインおかず
> ハムロールのチーズ焼き →P68
> 鶏肉と枝豆のガーリックしょうゆ炒め風 →P89

甘みとうまみがギュッと詰まったひと口コロッケ

かぼちゃのコロッケ

材料（6回分）
かぼちゃ…⅛個
玉ねぎ…½個
スライスベーコン…1枚
A【コンソメスープの素（顆粒）小さじ⅓、小麦粉大さじ1】
小麦粉・溶き卵・パン粉…各適量
揚げ油…適量

作り方
1. かぼちゃは1.5cm角に切り、玉ねぎは粗みじん切りにする。ベーコンは5mm幅に切る。
2. 耐熱ボウルに1を入れ、ふんわりとラップをして電子レンジで5分加熱し、そのまま2分ほどおく。Aを加えて粗めに潰し、12等分にして3cmくらいの平たい丸に成形する。
3. 2に小麦粉、溶き卵、パン粉を順につけ、170℃の揚げ油で揚げる。

マイルドかぼちゃにすりごま風味がアクセント

かぼちゃのごまマヨサラダ

材料（6回分）
かぼちゃ…⅛個
玉ねぎ…¼個
A【白すりごま・マヨネーズ各大さじ3、薄口しょうゆ小さじ1】
塩・こしょう…各少々

作り方
1. かぼちゃは1.5cm角に切り、玉ねぎは薄切りにする。
2. 耐熱ボウルにかぼちゃを入れ、ふんわりとラップをして電子レンジで4分加熱し、玉ねぎを加えてさらに1分加熱し、そのまま2分ほどおく。
3. 2にAを加えてよく混ぜ、塩、こしょうで味をととのえる。

ビタミンEが豊富なかぼちゃや、食物繊維が豊富なさつまいもなどを使った黄色いおかずは、甘みがあってほっこり。黄パプリカやコーンのおかずも紹介しています。

Part 3 サブおかず ○黄の野菜

粗熱をとりながら味を染み込ませる定番煮物
さつまいもとレーズンのレモン煮

1回分 100kcal / 冷蔵5日 / 冷凍2週間

材料（6回分）
さつまいも…小2本
レモン…½個
レーズン…大さじ2
A【砂糖・みりん各大さじ1、薄口しょうゆ小さじ1】

作り方
1 さつまいもは皮をきれいに洗い、1cm幅の輪切りにし、水にさらしてアク抜きする。レモンは3枚薄切りにしていちょう切りにし、残ったレモンは搾る。
2 鍋に水けをきったさつまいも、A、ひたひたの水を加え、落としぶたをしてふたをし、10分ほど煮る。レモンの薄切り、レーズンを加え、さらに3分ほど煮て、レモン汁を加え、そのまま粗熱がとれるまでおく。

Point 冷凍保存する際は、保存袋に煮汁と一緒に入れるのがおすすめ。

りんご酢のさわやかな酸味が魅力の洋風漬物
黄パプリカとにんじんのピクルス

1回分 17kcal / 冷蔵7日 / 冷凍NG

材料（6回分）
パプリカ（黄）…1個
にんじん…¼本
塩…少々
A【りんご酢大さじ1½、砂糖大さじ⅔、白ワイン大さじ½、コンソメスープの素（顆粒）小さじ¼、塩少々、黒粒こしょう少々、ローリエ1枚、水80ml】

作り方
1 ヘタと種を取り除いたパプリカ、にんじんは細切りにし、塩で和え、しんなりしたら、水けをしっかり絞る。
2 耐熱ボウルにAを入れ、ラップをせずに電子レンジで沸騰するまで加熱し、粗熱をとる。
3 2に1を入れ、冷蔵庫で1時間以上漬ける。

パプリカとサーモンで彩り鮮やかデリ風マリネ
黄パプリカとスモークサーモンのマリネ

1回分 45kcal / 冷蔵3日 / 冷凍NG

材料（6回分）
パプリカ（黄）…1個
玉ねぎ…¼個
スモークサーモン…5枚
塩…少々
A【レモン汁大さじ2、パセリ（みじん切り）・オリーブオイル各大さじ1、砂糖小さじ½、塩・こしょう各適量、ローリエ1枚】

作り方
1 パプリカはヘタと種を取り除き、5mm幅の細切りにする。玉ねぎは薄切りにし、塩を和え、しんなりしたら水けを絞る。スモークサーモンは食べやすい大きさに切る。
2 ボウルにAを入れて混ぜ、1を加えて和え、冷蔵庫で1時間以上漬ける。

サブおかず ｜ 作りおきおかず ● 黄の野菜

1回分 45kcal
冷蔵 5日
冷凍 2週間 煮汁と一緒に保存袋に入れる

少ない油でOK！ だしが染み込んでおいしい
かぼちゃの揚げ浸し

材料（6回分）
かぼちゃ…⅛個
A【和風だし汁200ml、薄口しょうゆ・みりん各大さじ1、砂糖大さじ½、しょうが（薄切り）2枚】
揚げ油…適量

作り方
1 かぼちゃは7mm幅の薄切りにし、食べやすい大きさに切る。
2 耐熱ボウルにAを入れ、ラップをせずに電子レンジで2分加熱し、沸騰させる。
3 170℃の少なめの揚げ油で1を素揚げし、2に浸す。

おすすめ！メインおかず 白身魚のズッキーニ巻き →P79　 豆腐の豚巻き中華ソース →P88

1回分 163kcal
冷蔵 4日
冷凍 2週間

カリッとふんわり衣にコーンの甘みが広がる
とうもろこしと玉ねぎのフリット

材料（6回分）
コーン缶…150g
玉ねぎ…½個
A【片栗粉大さじ4、小麦粉大さじ2、ベーキングパウダー小さじ1、卵白1個分、水大さじ2〜3】
塩…小さじ½
揚げ油…適量

作り方
1 玉ねぎは5mm幅のくし形切りにする。コーンは水をきり、さらにペーパータオルで包み、水けを取り除く。
2 ボウルにAを入れて混ぜ、1を加えて、ひと口大ずつ170℃の揚げ油で揚げる。
3 2に塩をふる。

1回分 154kcal
冷蔵 4日
冷凍 2週間

トースターで作る、シナモン香るひと口おかず
スイートポテト

材料（6回分）
さつまいも…1本
バター…大さじ3
砂糖…大さじ2
シナモン…小さじ⅓
卵黄…1個分

作り方
1 さつまいもは皮をむき、1.5cm角に切り、水にさらしてアク抜きし、水けをきる。耐熱ボウルに入れ、ふんわりとラップをして電子レンジで4分加熱し、そのまま2分ほどおく。
2 1にバター、砂糖、シナモンを加えて潰す。水分が多いようならラップをせずに電子レンジで加熱する。
3 2を12等分して小さいさつまいものように成形し、上に卵黄を塗り、オーブントースターで2〜3分焼く。

薄切りかぼちゃと生クリームでシンプルに
かぼちゃグラタン

材料（6回分）
かぼちゃ…¼個
A【生クリーム200ml、にんにく（すりおろし）小さじ1、塩小さじ½】

作り方
1 かぼちゃはスライサーで薄く切り、クッキングシートをしいた耐熱容器にしき詰める。
2 Aをよく混ぜ、1にかけ、170℃に予熱したオーブンで30～40分焼く。
3 冷めたら6等分に切る。

Point 手間のかかりそうなグラタンですが、少ない食材で作れて、作り方もとってもシンプル！ スライサーを使えば薄切りも簡単です。

1回分 191 kcal／冷蔵4日／冷凍2週間

レモン汁と粒マスタードでさっぱり仕上げ
コーンとポテトとツナのサラダ

材料（6回分）
コーン缶…150g
じゃがいも…3個
ツナ缶…小1缶
セロリ（みじん切り）…大さじ3
A【レモン汁大さじ1½、オリーブオイル大さじ½、粒マスタード小さじ1】
塩・こしょう…各少々

作り方
1 じゃがいもは皮をきれいに洗い、ペーパータオルで包んで水にたっぷりぬらし、ラップで包む。電子レンジで4分加熱し、ひっくり返してさらに1分加熱し、そのまま2分ほどおく。粗熱がとれたら皮をむく。
2 ボウルに1を入れてつぶし、油をきったツナ、水けをきったコーン、セロリを加え、混ぜる。
3 2にAを加えてよく混ぜ、塩、こしょうで味をととのえる。

1回分 116 kcal／冷蔵3日／冷凍2週間

塩をふるとさつまいもの甘みが引き立つ！
スイートポテトフライ

材料（6回分）
さつまいも…中1本
塩…小さじ⅓
揚げ油…適量

作り方
1 さつまいもは皮をきれいに洗い、7mm角の棒状に切り、水にさらしてアク抜きし、ペーパータオルで包んで、水けを取り除く。
2 1を170℃の揚げ油で素揚げし、塩をまぶす。

1回分 106 kcal／冷蔵4日／冷凍2週間

おすすめ！メインおかず 白身魚のズッキーニ巻き →P79 ポークビーンズ →P87

Part 3 サブおかず ○黄の野菜

| サブおかず | 朝ラクおかず ● 黄の野菜 |

せん切りじゃがいもだから火が通りやすい

じゃがいものカレーベーコン巻き

材料（1人分）
じゃがいも…½個
スライスベーコン…1枚
A【カレー粉小さじ⅓、コンソメスープの素（顆粒）小さじ¼、小麦粉小さじ1】

作り方
1 じゃがいもはスライサーで細いせん切りにし、混ぜ合わせた**A**をまぶす。ベーコンは3等分に切る。
2 ベーコンにじゃがいもを⅓量ずつ巻き、爪楊枝でとめる。
3 オーブントースターの天板にシリコーン樹脂加工のアルミホイル（P138参照）をしき、2をのせ、3分ほど焼く。

調理時間 5min / 1人分 128kcal

レンチンさつまいもにりんごジャムを混ぜるだけ！

さつまいもとりんごのきんとん

材料（1人分）
さつまいも…⅕本
りんごジャム…大さじ1½

作り方
1 さつまいもは皮をきれいに洗い、1.5cm角に切り、水にさらしてアク抜きし、水けをきる。
2 1を耐熱ボウルに入れ、ふんわりとラップをして電子レンジで2分30秒加熱し、そのまま1分ほどおく。
3 2をマッシュし、りんごジャムを加え、混ぜる。

調理時間 7min / 1人分 168kcal

コーンとウインナーをバターで風味アップ！

バターコーン

材料（1人分）
コーン缶…大さじ4
ウインナーソーセージ…1本
バター…5g

作り方
1 コーンは水けをきり、ペーパータオルで包んでさらに水けを取り除く。ウインナーは5mm幅の輪切りにする。
2 耐熱容器にシリコーン樹脂加工のアルミホイル（P138参照）をしき、コーン、ウインナー、バターを順にのせ、オーブントースターで5分ほど焼く。

調理時間 7min / 1人分 151kcal

かぼちゃにさつまいも、黄パプリカなど、「黄」を生かした朝ラク簡単おかずを紹介。火が通りにくいものでも切り方次第でパパッと時短調理！　彩りと香りにもひと工夫のおかずたちです。

Part 3 サブおかず ● 黄の野菜

にんにくじょうゆがパプリカと豚肉によく合う
黄パプリカと豚バラのガーリック炒め風

材料（1人分）
パプリカ（黄）…1/6個
豚バラ薄切り肉…20g
塩・こしょう…各少々
A【にんにく（すりおろし）小さじ1/4、しょうゆ・みりん・片栗粉各小さじ1/2】

作り方
1 パプリカはヘタと種を取り除き、1cm幅に切る。豚肉は5cm幅に切り、塩、こしょうをふり、Aをよく混ぜておく。
2 耐熱容器にシリコーン樹脂加工のアルミホイル（P138参照）をしき、パプリカの上に豚肉を広げてのせ、オーブントースターで3〜4分加熱し、よく混ぜる。

調理時間 6 min ／ 1人分 104 kcal

ハーブソルトとオリーブオイルでシンプルに
かぼちゃのハーブロースト

材料（1人分）
かぼちゃ（7mm幅の薄切り）…1枚
ハーブソルト…小さじ1/2
オリーブオイル…小さじ1

作り方
1 かぼちゃは4等分に切り、ハーブソルト、オリーブオイルを和える。
2 オーブントースターの天板にシリコーン樹脂加工のアルミホイル（P138参照）をしき、1をのせ、4〜5分焼く。

調理時間 7 min ／ 1人分 92 kcal

バターじょうゆにウスターソースが決め手！
屋台の焼きとうもろこし

材料（1人分）
ゆでとうもろこし…1/4本
A【バター5g、しょうゆ・砂糖・ウスターソース各小さじ1/2】

作り方
1 とうもろこしは縦半分に切る。
2 耐熱ボウルにAを入れ、ラップをせずに電子レンジで沸騰するまで加熱し、1を浸す。
3 オーブントースターの天板にシリコーン樹脂加工のアルミホイル（P138参照）をしき、2のとうもろこしをのせて3〜5分焼き、一度取り出してさらにAに浸け、1〜2分焼く。

調理時間 10 min ／ 1人分 84 kcal

115

サブおかず｜作りおきおかず ● 緑の野菜

1回分 59 kcal　冷蔵4日　冷凍2週間

ごまのコクとはちみつの甘みがよく絡んで美味

アスパラのごま和え

材料（6回分）
グリーンアスパラガス…6〜12本（太さによる）
A【白すりごま大さじ2、白練りごま大さじ1½、しょうゆ大さじ⅔、はちみつ大さじ½、砂糖小さじ1】

作り方
1 アスパラは下のかたい部分を切り落とし、皮のかたいところはピーラーでむき、4cm幅に切り、塩ゆでして水けをきる。
2 ボウルにAを入れて混ぜ、1を加えて和える。

Point すりごまと練りごまを使ったこっくりとした味わいのおかずです。冷凍保存したものを、電子レンジで解凍すると水分が出てくるので、白すりごまを足してあげると◎。

1回分 9 kcal　冷蔵4日　冷凍2週間（煮汁と一緒に保存袋に入れる）

ナンプラーを使って、味のマンネリ解消に！

アスパラのエスニック煮浸し

材料（6回分）
グリーンアスパラガス…6〜12本（太さによる）
A【赤唐辛子（種を取る）1本分、ナンプラー大さじ1、鶏がらスープの素（顆粒）小さじ1、砂糖小さじ½、塩少々、水150〜200ml】

作り方
1 アスパラは下のかたい部分を切り落とし、皮のかたいところはピーラーでむき、4cm幅に切る。
2 鍋にAを入れて沸騰させ、1を加えて1〜2分煮て、そのまま粗熱をとる。

おすすめ！メインおかず　白身魚の野菜あんかけ→P79　チーズオムレツ→P87

1回分 114 kcal　冷蔵3日　冷凍2週間

生ハムとマスタードがマッチした一品

いんげんと生ハムの春巻き

材料（6回分）
さやいんげん…12本
生ハム…12枚
粒マスタード…小さじ4
春巻きの皮…小12枚
水溶き小麦粉…少々
揚げ油…適量

作り方
1 いんげんはヘタを切り落とし、半分の長さに切る。
2 生ハムの片面に粒マスタードを塗り、いんげんを2本ずつ巻き、春巻きの皮で包み、巻き終わりに水溶き小麦粉を塗ってとじる。
3 2をとじ目から170℃の揚げ油で揚げる。

詰めるとき 半分に切ってから詰めると、断面からいんげんの緑色が見え、明るい雰囲気になります。

β-カロテンやビタミンCなどが豊富なものが多い緑の野菜。小松菜やほうれん草などは、鉄分も含まれています。

Part 3 サブおかず ●緑の野菜

しょうゆが入っているから、ごはんのお供にも◎
ブロッコリーとベーコンのガーリック炒め

1回分 52kcal / 冷蔵3日 / 冷凍2週間

材料（6回分）
- ブロッコリー…1株
- スライスベーコン…3枚
- にんにく…1かけ
- 赤唐辛子(種を取る)…1本分
- 塩・こしょう…各少々
- しょうゆ…大さじ1
- オリーブオイル…小さじ1

作り方
1. ブロッコリーは食べやすい大きさの房に分け、塩ゆでして水をしっかりきる。ベーコンは1cm幅に切る。にんにくは芽を取り除き、潰す。
2. フライパンにオリーブオイル、赤唐辛子を入れて熱し、1を加えて炒め、塩、こしょうで味をととのえる。しょうゆを回しかけ、火を止め、にんにくを取り除く。

ひよこ豆が入って、食べごたえもバッチリ！
ブロッコリーとツナのサラダ

1回分 100kcal / 冷蔵3日 / 冷凍2週間

材料（6回分）
- ブロッコリー…1株
- ツナ缶…小1缶
- セロリ…1/3本
- ゆでひよこ豆…100g
- マヨネーズ…大さじ2
- 塩・こしょう…各少々

作り方
1. ブロッコリーは食べやすい大きさの房に分け、塩ゆでして水をしっかりきる。ツナは油をしっかりきり、セロリはみじん切りにする。
2. ボウルに1、ひよこ豆、マヨネーズを入れて混ぜ、塩、こしょうで味をととのえる。

おすすめ！×メインおかず   さつまいもと豚肉の重ね蒸し →P70　 野菜たっぷりレンチン卵焼き →P89

シンプルだけど、後を引くおいしさ
小松菜のガーリックしょうゆ炒め

1回分 15kcal / 冷蔵3日 / 冷凍2週間

材料（6回分）
- 小松菜…1束
- にんにく…1かけ
- 赤唐辛子(種を取る)…1本分
- しょうゆ…大さじ2/3
- 砂糖…小さじ2/3
- ごま油…小さじ1

作り方
1. 小松菜は根元を切り落とし、4cm幅に切る。にんにくは芽を取り除き、潰す。
2. フライパンにごま油、赤唐辛子、にんにくを入れて熱し、香りが出たら小松菜を加えてさっと炒め、しょうゆ、砂糖を加えてさらに炒め、にんにくを取り除く。

サブおかず　｜　作りおきおかず ● 緑の野菜

からしの風味でちょっぴり大人風の炒め物

ほうれん草と豚バラのからし炒め

材料（6回分）
ほうれん草…1束
豚バラ薄切り肉…100g
A【しょうゆ・みりん各大さじ1、練りからし大さじ½、こしょう少々】

作り方
1 ほうれん草はゆで、根を切り落として3cm幅に切り、水けをしっかり絞る。豚肉は1cm幅に切る。
2 フライパンを熱し、油をひかずに豚肉を入れ、カリッとするまで炒める。
3 2に混ぜ合わせたAを加え、沸騰したら火を止め、ほうれん草を加えて和える。

Point 豚肉を加えることで、食べごたえのあるサブおかずに。うまみもあり、からしじょうゆ味なのでごはんにもよく合うおかずです。

1回分 88kcal　冷蔵3日　冷凍2週間

ピーナッツとにんにくじょうゆが香ばしい

いんげんとピーナッツの炒め物

材料（6回分）
さやいんげん…12〜16本
バターピーナッツ…大さじ4
A【しょうゆ大さじ⅔、みりん大さじ½、砂糖小さじ1、にんにく1かけ】
サラダ油…大さじ½

作り方
1 いんげんはヘタを切り落とし、4等分に切る。Aのにんにくは芽を取り除いてつぶす。
2 フライパンにサラダ油を熱し、いんげん、バターピーナッツを入れて炒め、Aを加えて煮絡め、にんにくを取り除く。

1回分 51kcal　冷蔵5日　冷凍2週間

おすすめ！メインおかず
 かじきまぐろの香草パン粉焼き →P76

 チーズオムレツ →P87

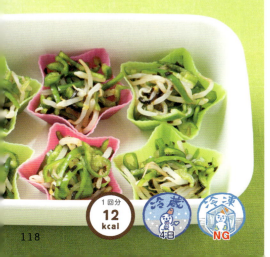

昆布とごまの香りを効かせたシャキシャキ野菜

ピーマンともやしの塩昆布サラダ

材料（6回分）
ピーマン…4個
もやし…½袋
塩昆布（細かく刻む）…大さじ2
白炒りごま…大さじ½

作り方
1 ピーマンはヘタと種を取り除き、5mm幅のせん切りにする。もやしはゆでて水けをきる。
2 ボウルに1、塩昆布、白炒りごまを入れ、よく混ぜる。

1回分 12kcal　冷蔵4日　冷凍NG

おすすめ！メインおかず
 棒棒鶏 →P70

 厚揚げとツナのスパイス焼き →P86

しょうがをアクセントにした定番和食

ほうれん草とじゃこのお浸し

材料（6回分）
ほうれん草…1束
A【ちりめんじゃこ大さじ3、しょうが（せん切り）⅓かけ分、和風だし汁100ml、薄口しょうゆ・みりん各大さじ½】

作り方
1 ほうれん草はゆで、根を切り落として3cm幅に切り、水気をしっかり絞る。
2 耐熱ボウルにAを入れ、ラップをせずに電子レンジで沸騰するまで加熱し、粗熱をとる。
3 2に1を入れて和える。

汁も一緒に
1回分 18 kcal　冷蔵3日　冷凍2週間

おすすめ！メインおかず
 ぶりのピリ辛しょうがみそ煮 →P79
 野菜たっぷりレンチン卵焼き →P89

バジル香るふんわり衣に程よい塩けがおいしい！

アスパラと生ハムのフリット

材料（6回分）
グリーンアスパラガス…6〜12本（太さによる）
生ハム…15枚
A【片栗粉大さじ4、小麦粉大さじ2、ベーキングパウダー小さじ1、卵白1個分、ドライバジル少々、水大さじ2〜3】
揚げ油…適量

作り方
1 アスパラは下のかたいところは切り落とし、皮のかたいところはピーラーでむき、3cm幅に切る。生ハムは横半分に切る。
2 アスパラ1〜2本を両端が出るように生ハムを巻く。これを30個作る。
3 ボウルにAを入れてよく混ぜ、2を加えて和え、170℃の揚げ油で2分ほど揚げる。

1回分 122 kcal　冷蔵3日　冷凍2週間

せん切りじゃがいもを加えた、ごはんに合う中華炒め

青椒肉絲（チンジャオロース）

材料（6回分）
ピーマン…5個
じゃがいも…1個
牛ロース肉（焼き肉用）…100g
A【酒大さじ1、しょうゆ大さじ½、片栗粉小さじ1】
B【オイスターソース大さじ1、砂糖・しょうゆ各小さじ1】
サラダ油…大さじ½

作り方
1 ヘタと種を取り除いたピーマン、じゃがいもは細いせん切りにする。牛肉は5mm幅に切り、Aをしっかり和える。
2 フライパンにサラダ油を熱し、牛肉を入れて炒め、色が変わったらピーマンとじゃがいもを加えて炒め、Bを加え、水分を飛ばすように炒める。

1回分 94 kcal　冷蔵3日　冷凍2週間

Part 3 サブおかず ● 緑の野菜

サブおかず　朝ラクおかず　●緑の野菜

カレー粉とコンソメ風味のシャキっとアスパラ
アスパラとベーコンのカレーロースト

材料（1人分）
グリーンアスパラガス
　…1〜2本（太さによる）
スライスベーコン…½枚
A【カレー粉¼個、コンソメスープの素（顆粒）小さじ¼、小麦粉小さじ½】

作り方
1 アスパラは下のかたい部分を切り落とし、皮のかたいところはピーラーでむき、4等分に切り、混ぜ合わせたAをまぶす。ベーコンは5mm幅に切る。
2 オーブントースターの天板にシリコーン樹脂加工のアルミホイル（P138参照）をしき、アスパラを並べ、上にベーコンをのせ、3分ほど焼く。

調理時間 6 min　1人分 46 kcal

うまみがたっぷり染み込んだシャキシャキ和え
小松菜と桜えびのナムル

材料（1人分）
小松菜…1株
玉ねぎ…⅛個
桜えび…小さじ1
にんにく（すりおろし）
　…小さじ¼
鶏がらスープの素（顆粒）
　…小さじ⅓
白炒りごま…小さじ½
ごま油…小さじ⅓
塩・こしょう…各少々

作り方
1 小松菜は根元を切り落とし、4cm幅に切る。玉ねぎは5mm幅のくし形切りにする。
2 耐熱ボウルに1、桜えびを入れ、にんにく、鶏がらスープの素を加え、ふんわりとラップをして電子レンジで2分加熱し、そのまま1分ほどおく。
3 2に白炒りごま、ごま油を加え、塩、こしょうで味をととのえる。

調理時間 6 min　1人分 39 kcal

ハーブとカマンベールでおしゃれな洋風おかず
ブロッコリーとカマンベールのハーブロースト

材料（1人分）
ブロッコリー…2房
カマンベールチーズ
　…6個切りのもの2個
ハーブソルト…少々
オリーブオイル
　…小さじ½

作り方
1 ブロッコリーは食べやすい大きさの房に分け、ハーブソルト、オリーブオイルをまぶす。カマンベールチーズは厚みを半分に切る。
2 オーブントースターの天板にシリコーン樹脂加工のアルミホイル（P138参照）をしき、ブロッコリーを並べ、上にカマンベールチーズをのせ、5分ほど焼く。

調理時間 7 min　1人分 152 kcal

やっぱりお弁当に欠かせない「緑」のおかず。ピーマン、アスパラ、ズッキーニなど、食感のよい野菜が勢ぞろい！ 野菜の食感を大切に、栄養素を残すためにも加熱し過ぎに注意して。

Part 3 サブおかず ○緑の野菜

いんげんと豚バラのオイスターソース炒め風

歯ごたえが魅力のいんげんに中華風うまみを絡めて

材料（1人分）
さやいんげん…4本
豚バラ薄切り肉…20g
A【オイスターソース・砂糖各小さじ⅓、しょうゆ小さじ¼、ごま油小さじ½、片栗粉小さじ½】

作り方
1 いんげんはヘタを切り落とし、4等分に切る。豚肉は5mm幅に切り、Aをよく混ぜる。
2 耐熱ボウルにいんげんを入れ、上から豚肉をのせ、ふんわりとラップをして電子レンジで2分加熱し、そのまま2分ほどおき、さっと混ぜる。

調理時間 7 min / 1人分 113 kcal

ズッキーニのピザ

ズッキーニの食感を生かしたチーズ焼き

材料（1人分）
ズッキーニ(7mm幅の輪切り)…4枚
ピザ用チーズ…小さじ4
小麦粉…小さじ1
塩・こしょう…各少々

作り方
1 ズッキーニは小麦粉をまぶす。
2 1に塩、こしょうをふり、ピザ用チーズをのせる。
3 オーブントースターの天板にシリコーン樹脂加工のアルミホイル(P138参照)をしき、2をのせ、3分ほど焼く。

調理時間 5 min / 1人分 62 kcal

ピーマンとちくわの和え物

かつお節を加えて和風に仕立てた絶品おかず

調理時間 5 min / 1人分 45 kcal

材料（1人分）
ピーマン…1個
ちくわ…1本
小麦粉…小さじ½
かつお節…大さじ1
しょうゆ…小さじ⅓

作り方
1 ピーマンはヘタと種を取り除き、縦5mm幅に切る。ちくわは5mm幅の斜め薄切りにし、小麦粉をまぶす。
2 耐熱ボウルに1を入れ、ふんわりとラップをして電子レンジで2分加熱し、すぐにかつお節、しょうゆを加えて和える。

121

サブおかず　作りおきおかず ● 茶・黒の野菜

1回分 118 kcal
冷蔵 夏4日
冷凍 2週間 じゃがいもはつぶしてから冷凍

和風だしが香る、ごはんに合う甘辛定番おかず

じゃがいもの牛そぼろ煮

材料（6回分）
じゃがいも…3個
牛ひき肉…100g
長ねぎ…1/3本
しょうが…1/2かけ
A【酒・しょうゆ各大さじ1、砂糖・みりん各大さじ1/2、和風だし汁300〜400ml】
サラダ油…小さじ1

作り方
1 じゃがいもはひと口大に切る。長ねぎ、しょうがはみじん切りにする。
2 鍋にサラダ油を熱し、ひき肉、長ねぎ、しょうがを入れて炒め、脂が出たら、じゃがいもを加えてさらに炒め、Aを加え、落としぶたをしてふたをし、10〜15分煮る。
3 ふたを取り、強火で水分を飛ばすように煮絡める。

1回分 134 kcal
冷蔵 夏5日
冷凍 2週間

じゃがいもと片栗粉を混ぜて焼くだけ！

いもバターもち

材料（6回分）
じゃがいも…3個
バター…40g
片栗粉…大さじ5
塩…小さじ1/2
A【しょうゆ・砂糖・水各大さじ1】

作り方
1 じゃがいもは皮をきれいに洗い、1個ずつペーパータオルで包んで水にたっぷりぬらし、ラップで包んで電子レンジで5分加熱し、そのまま2分ほどおき、皮をむく。
2 フードプロセッサーに粗く崩したじゃがいも、バター30g、片栗粉、塩を入れ、なめらかになるまで攪拌し、3cmくらいの平たい丸に成形する。
3 フライパンにバター10gを熱し、2を入れて両面焼き、Aを加え、絡める。

1回分 29 kcal
冷蔵 夏5日
冷凍 2週間

にんにくと赤唐辛子で作るシンプルソテー

きのこのアラビアータ

材料（6回分）
きのこ（しめじ・しいたけ・エリンギ）…合わせて300g
にんにく…1かけ
赤唐辛子（種を取る）…1本分
塩・こしょう…各適量
オリーブオイル…大さじ1

作り方
1 しめじは石づきを切り落として大きめの房に分け、しいたけは軸を切り落としてそぎ切りにする。エリンギは四つ割りにして長さを半分に切る。にんにくは芽を取り除き、つぶす。
2 フライパンにオリーブオイル、赤唐辛子、にんにくを入れて熱し、香りが出たらきのこと塩を加えて炒める。
3 2がしんなりしたら、水分を飛ばすように炒め、塩、こしょうで味をととのえる。

ビタミンCが豊富なじゃがいもや、食物繊維が豊富なきのこや里いも、ごぼうなどの野菜を使った作りおきおかずを紹介します。

食物繊維　ビタミンC　ビタミンD

Part 3 サブおかず

● 茶・黒の野菜

甘辛肉みそを挟んで焼いてジューシー！
なすの肉みそ挟み焼き

1回分 84kcal　冷蔵3日　冷凍2週間

材料（6回分）
なす…3個
A【鶏ひき肉100g、甜麺醤大さじ1、みそ大さじ½、しょうが（すりおろし）・砂糖・片栗粉各小さじ1】
塩…少々
小麦粉…大さじ2
ごま油…大さじ1

作り方
1 フライパンにAを入れて強火にかけ、箸を4本使って素早くかき混ぜ、そぼろ状にする。
2 なすは1cm幅の輪切りにし、塩をふり、小麦粉をまぶす。中心に1をのせて挟み、手で密着させる。これを12個作る。
3 フライパンにごま油を熱し、2を入れて片面に焼き色がつくまで焼き、ひっくり返してふたをし、弱火にして3分ほど焼く。

やわらかく煮た里いもにごまの風味がよく合う
里いものごま塩和え

1回分 92kcal　冷蔵4日　冷凍2週間

材料（6回分）
里いも…9個
A【和風だし汁200ml、薄口しょうゆ大さじ1½、みりん大さじ1、砂糖小さじ1】
黒炒りごま…大さじ2

作り方
1 里いもは皮をむき、半分に切る。
2 鍋に1、Aを入れて火にかけ、落としぶたをしてふたをし、里いもがやわらかくなったらふたを取り、水分を飛ばすように煮る。
3 2に黒炒りごまを加え、和える。

おすすめ！メインおかず
 ピーマンの肉詰め →P71
 ねぎ塩シュリンプ →P78

スイートチリソースで甘めのピリ辛炒め
なすのピリ辛ケチャップ炒め

1回分 58kcal　冷蔵3日　冷凍2週間

材料（6回分）
なす…3個
スライスベーコン…2枚
A【トマトケチャップ大さじ2、スイートチリソース大さじ1、ウスターソース大さじ½、ドライバジル少々】
オリーブオイル…大さじ1

作り方
1 なすは1cm幅の輪切りにする。ベーコンは1cm幅に切る。
2 フライパンにオリーブオイルを熱し、1を入れて炒め、油が回ったらAを加え、水分を飛ばすように強火で煮絡める。

123

サブおかず　作りおきおかず　●茶・黒の野菜

1回分 97 kcal ／ 冷蔵4日 ／ 冷凍2週間

コンソメ風味で冷めてもおいしい！

皮つきフライドポテト

材料（6回分）
じゃがいも（メークイン）…3個
A【小麦粉・片栗粉各小さじ2、コンソメスープの素（顆粒）小さじ1】
揚げ油…適量

作り方
1 じゃがいもは皮をきれいに洗い、ペーパータオルで水けをしっかり取り除き、縦6～8等分に切る。
2 保存袋に1、Aを入れ、袋をふって混ぜる。
3 2を170℃の揚げ油で竹串がスッと入るまで揚げる。

おすすめ！メインおかず ハニーマスタードチキン →P68　 ツナとコーンのチーズ焼き →P77

1回分 133 kcal ／ 冷蔵3日 ／ 冷凍2週間

炒めるだけでうまみ引き立つ極上きんぴら

ごぼうと牛肉のきんぴら

材料（6回分）
ごぼう…1本
牛切り落とし肉…200g
A【しょうゆ・酒・片栗粉各小さじ1】
赤唐辛子（種を取る）…1本分
B【しょうゆ大さじ1、砂糖・みりん各大さじ½】
サラダ油…大さじ1

作り方
1 ごぼうは太めのささがきにし、水にさらしてアク抜きし、ペーパータオルで包んで水けを取り除く。牛肉は食べやすい大きさに切り、Aで和える。
2 フライパンにサラダ油、赤唐辛子を入れて熱し、1の牛肉を加えて炒め、色が変わったら、ごぼうを加えてさらに炒める。
3 全体に火が通ったら、混ぜ合わせたBを加え、煮絡める。

1回分 46 kcal ／ 冷蔵4日 ／ 冷凍2週間（煮汁と一緒に保存袋に入れる）

だし汁がジュワッ！　程よい歯ごたえがおいしい

ごぼうとエリンギの揚げ浸し

材料（6回分）
ごぼう…1本
エリンギ…1パック
A【和風だし汁200ml、しょうゆ・みりん各大さじ1、しょうが（薄切り）¼かけ】
揚げ油…適量

作り方
1 ごぼうはきれいに洗い、軽くたたき、3cm幅に切り、水にさらしてアク抜きし、ペーパータオルで包んで水けを取り除く。エリンギは縦4等分に切り、長ければ横半分に切る。
2 耐熱ボウルにAを入れ、ラップをせずに電子レンジで沸騰するまで加熱する。
3 1を170℃の揚げ油で素揚げし、2に浸す。

しょうがの風味で食欲をそそる一品
なすのしょうが焼き炒め

材料（6回分）
なす…3個
片栗粉…大さじ½
A【みりん大さじ1、しょうゆ大さじ½、しょうが（すりおろし）小さじ1】
サラダ油…大さじ1

作り方
1 なすはピーラーで皮を縞目にむき、横半分に切り、縦6等分に切り、片栗粉をまぶす。
2 フライパンにサラダ油を熱し、1を入れて炒め、しんなりしたらAを加え、水分を飛ばすように炒める。

おすすめ！メインおかず
 おいしい塩鮭 →P76
 鶏肉と枝豆のガーリックしょうゆ炒め風 →P89

ごはんにもパンにも合う、まいたけの炒め物
まいたけとツナのケチャップ炒め

材料（6回分）
まいたけ…2パック
ツナ缶…小1缶
白ワイン…大さじ1
A【トマトケチャップ大さじ2、レモン汁大さじ1】
塩・こしょう…各少々
バター…20g

作り方
1 まいたけは石づきを切り落とし、大きめの房に分ける。ツナは油を軽くきる。
2 フライパンにバターを熱し、まいたけを入れて炒め、白ワインを加え、しんなりしてきたら、ツナ、Aを加え、水分を飛ばすように炒め、塩、こしょうで味をととのえる。

Point まいたけにツナを加えることで、満足感がアップ。水分を飛ばしながら炒めると、時間がたってもおいしく、詰めても水っぽくなりづらい。

切って炒めるだけのうまみたっぷりな肉そぼろ
しいたけの鶏そぼろ

材料（6回分）
しいたけ…6枚
鶏ひき肉…150g
しょうが…½かけ
A【しょうゆ・砂糖・酒各大さじ1】

作り方
1 しいたけは粗みじん切りにし、しょうがはみじん切りにする。
2 フライパンに油をひかずにひき肉、しょうがを入れて炒め、脂が出たらしいたけを加え、しんなりするまで炒める。
3 2にAを加え、水分を飛ばすように炒める。

Part 3 サブおかず ● 茶・黒の野菜

サブおかず | 朝ラクおかず ●茶・黒の野菜

簡単！ 和風おかずの新定番
きくらげと豚肉のみそ炒め風

材料（6回分）
きくらげ（戻したもの）…3個
豚肩ロース薄切り肉…2枚
塩・こしょう…各少々
片栗粉…小さじ½
A【みそ・酒…各小さじ1
　しょうゆ・砂糖…各小さじ⅓
　水…大さじ1】

調理時間 5 min　1人分 125 kcal

作り方
1 きくらげは半分に切る。豚肉は2cm幅に切り、塩、こしょうをふり、片栗粉をまぶす。
2 ボウルにAを入れて混ぜ、1の豚肉を加えて絡める。
3 耐熱皿にクッキングシートをしき、きくらげを並べ、豚肉を全体に広げるようにのせ、ふんわりとラップをして電子レンジで2分加熱し、そのまま1分ほどおく。

丸ごとしいたけのおいしさを生かした贅沢焼き
しいたけのツナマヨ焼き

材料（1人分）
しいたけ…3枚
片栗粉…小さじ½
A【ツナ缶大さじ2、マヨネーズ大さじ1、粒マスタード小さじ⅓】

作り方
1 しいたけは軸を切り落とし、内側に片栗粉をまぶす。
2 Aをしっかり混ぜ、3等分にし、1の内側にのせる。
3 オーブントースターの天板にシリコーン樹脂加工のアルミホイル（P138参照）をしき、Aが上になるようにのせ、3〜5分焼く。

調理時間 7 min　1人分 187 kcal

うまみをたっぷり絡めたしめじの食感を楽しんで
しめじのナムル

材料（1人分）
しめじ…¼パック
長ねぎ（みじん切り）…小さじ1
にんにく（すりおろし）…小さじ¼
鶏がらスープの素（顆粒）…小さじ¼
白炒りごま…小さじ½
ごま油…小さじ⅓

作り方
1 しめじは石づきを切り落とし、大きめの房に分ける。
2 耐熱ボウルに長ねぎ、にんにく、1、鶏がらスープの素を入れ、ふんわりとラップをして電子レンジで2分加熱し、そのまま1分ほどおく。
3 2に白炒りごま、ごま油を加えて混ぜる。

調理時間 5 min　1人分 28 kcal

「茶・黒」のおかずにはうまみがたっぷり！お手軽素材のきのこ、うまみを吸い込むなす、うまみはもちろん食物繊維豊富な根菜たち。おいしい朝ラク「茶・黒」おかずが勢ぞろいです。

Part 3 サブおかず ● 茶・黒の野菜

芳醇なバジルがなすによく合うシンプル焼き
なすのチーズ焼き

材料（1人分）
- なす…½個
- ジェノベーゼ(市販)…小さじ1
- ピザ用チーズ…小さじ1½

作り方
1. なすは1cm幅の輪切りにし、両面にジェノベーゼをつけ、ピザ用チーズをのせる。
2. オーブントースターの天板にシリコーン樹脂加工のアルミホイル(P138参照)をしき、1を並べ、2〜3分焼く。

調理時間 5 min　1人分 48 kcal

食物繊維たっぷり！ 加熱5分の時短うまみカレー
ごぼうのドライカレー

材料（1人分）
- ごぼう…¼本
- 長ねぎ…3cm
- 鶏ひき肉…80g
- しょうが(すりおろし)…小さじ1
- 小麦粉・トマトケチャップ…各大さじ½
- バター…大さじ½
- ウスターソース・コンソメスープの素(顆粒)…各小さじ1
- カレー粉…小さじ½
- 塩・こしょう…各少々

作り方
1. ごぼうはささがきにし、水にさらしてアク抜きし、ペーパータオルで包んで水けを取り除く。長ねぎは粗みじん切りにする。
2. ボウルに塩、こしょう以外の材料を入れ、よく混ぜ、ふんわりとラップをして電子レンジで5分加熱し、そのまま2分ほどおく。塩、こしょうで味をととのえる。

調理時間 10 min　1人分 268 kcal

---

調理時間 10 min　1人分 144 kcal

ほっくり里いもに中華風特製ダレがよく絡む
里いもと豚バラの中華炒め風

材料（1人分）
- 里いも…1個
- 豚バラ薄切り肉…20g
- 片栗粉…小さじ½
- A【甜麺醤・しょうゆ・砂糖各小さじ½、豆板醤小さじ⅓、にんにく(すりおろし)小さじ¼】

作り方
1. 里いもは5mm幅に切り、片栗粉をまぶす。豚肉はAとしっかり混ぜる。
2. 耐熱皿に里いもを平らにおき、豚肉を重ならないようにのせ、ふんわりとラップをして電子レンジで3〜4分加熱し、そのまま2分ほどおき、混ぜる。

127

サブおかず　作りおきおかず ○ 白の野菜

電子レンジで時短調理！　ヨーグルトで後味さっぱり

ポテトサラダ

材料（6回分）
- じゃがいも…3個
- きゅうり…½本
- にんじん…¼本
- 玉ねぎ…¼個
- ハム…4枚
- 塩・こしょう…各少々
- A【マヨネーズ大さじ3、プレーンヨーグルト大さじ2、コンソメスープの素（顆粒）小さじ½】

作り方
1. じゃがいもは皮をきれいに洗い、1個ずつペーパータオルで包んで水にたっぷりぬらし、ラップで包んで電子レンジで5分加熱し、そのまま2分ほどおき、皮をむいてつぶす。
2. きゅうりは薄い輪切りにし、塩をまぶして、しんなりしたら水けを絞る。にんじんは薄いいちょう切りにし、玉ねぎは薄切りにする。ハムは1cm四方に切る。
3. 耐熱ボウルに2のにんじん、玉ねぎを入れ、ふんわりとラップをして電子レンジで1分30秒加熱し、そのまま1分ほどおく。1を加え、2のきゅうりとハム、混ぜ合わせたAも加えてさっと混ぜ、塩、こしょうで味をととのえる。

1回分 129kcal　冷蔵3日　冷凍2週間　解凍はP14参照

鶏がらスープの素でうまみをプラス！

かぶとレモンの浅漬け

材料（6回分）
- かぶ…2〜3個
- レモン（薄切り）…3枚
- レモン汁…大さじ1½
- 塩…少々
- 鶏がらスープの素（顆粒）…小さじ1

作り方
1. かぶは茎を3cm幅に切り、実は皮をむいて繊維を断つように薄く切り、半月切りにし、塩をまぶしてしんなりしたら、水けをしっかり絞る。レモンはいちょう切りにする。
2. ボウルに1、レモン汁、鶏がらスープの素を入れて混ぜる。

1回分 12kcal　冷蔵5日　冷凍NG

鶏がらスープの素とごま油でお手軽中華和え

白菜の中華サラダ

材料（6回分）
- 白菜の芯…⅙個
- きゅうり…½本
- かに風味かまぼこ…4本
- 春雨（乾燥）…10g
- 塩…少々
- A【酢大さじ1、白炒りごま・薄口しょうゆ各大さじ½、ごま油小さじ1、砂糖・鶏がらスープの素（顆粒）各小さじ½】
- 塩・こしょう…各少々

作り方
1. 白菜は縦5cmの長さに切ってから1cm幅に切り、塩少々で和える。きゅうりはせん切りにする。かに風味かまぼこはほぐす。春雨は熱湯で戻し、食べやすい長さに切る。
2. ボウルにAを入れて混ぜ、1を加えて和え、塩、こしょうで味をととのえる。

1回分 33kcal　冷蔵3日　冷凍NG

かぶ、白菜、大根など、ビタミンCが豊富な白の野菜。漬物や炒め物、サラダなど調理のバリエーションもたくさん！

Part 3 サブおかず ○白の野菜

白菜とそぼろあんかけ
白菜にうまみが染み込んだ中華風とろみ炒め

1回分 60kcal／冷蔵3日／冷凍2週間

材料（6回分）
- 白菜…1/8個
- 豚ひき肉…100g
- しょうが（みじん切り）…小さじ2
- 片栗粉…大さじ1/2
- 鶏がらスープの素（顆粒）…小さじ1/2
- 酒…大さじ1
- 塩・こしょう…各少々
- ごま油…小さじ1

作り方
1. 白菜の芯の部分は縦5cmの長さに切ってから1cm幅に切り、葉は2cm幅に切り、片栗粉をまぶす。
2. フライパンにごま油を熱し、ひき肉、しょうがを入れて炒め、脂が出てきたら1、鶏がらスープの素、水大さじ1、酒を加えて炒め、しんなりしてきたら塩、こしょうで味をととのえる。

キャベツのコールスロー
せん切りキャベツにセロリを加えたさわやかサラダ

1回分 84kcal／冷蔵5日／冷凍NG

材料（6回分）
- キャベツ…1/4個
- コーン缶…100g
- セロリ…1/2本
- 塩・こしょう…各少々
- A【白すりごま大さじ3、プレーンヨーグルト・マヨネーズ各大さじ2、薄口しょうゆ小さじ1/2】

作り方
1. キャベツはせん切りにし、セロリは斜め薄切りにする。一緒に塩で和え、しんなりしたら水けをしっかり絞る。
2. ボウルに1、水けをしっかりきったコーンを入れ、Aを加えて混ぜ塩、こしょうで味をととのえる。

おすすめ！メインおかず   チーズオムレツ →P87 ミックスビーンズ団子 →P88

玉ねぎとベーコンのフライ
カリッとおいしい！ カレー風味のミニ串カツ風

1回分 253kcal／冷蔵4日／冷凍2週間

材料（6回分）
- 玉ねぎ…大1個
- スライスベーコン…12枚
- 塩・こしょう…各適量
- カレー粉…小さじ2
- 小麦粉・溶き卵・パン粉…各適量
- 揚げ油…適量

作り方
1. 玉ねぎは半分に切り、繊維を断つように7mm幅に切り、塩、こしょう、カレー粉をまぶす。
2. 1にベーコンを巻き、とじ目を爪楊枝でとめる。
3. 2に小麦粉、溶き卵、パン粉を順につけ、170℃の揚げ油で揚げる。

サブおかず｜作りおきおかず ○ 白の野菜

大根がおもちに大変身！　うまみバッチリ台湾風

大根もち

1回分 53kcal ／ 冷蔵4日 ／ 冷凍2週間

材料（6回分）
大根…½本
A【ごはん50g、桜えび（乾燥）5g、万能ねぎ（みじん切り）3本分、鶏がらスープの素（顆粒）小さじ½、片栗粉大さじ3】
塩…適量
ごま油…大さじ½

作り方
1 大根はせん切りにし、塩をまぶし、しんなりしたら水けを絞る。
2 フードプロセッサーに1、Aを入れ、全体が混ざるように攪拌し、塩で味をととのえ、12等分にする。
3 手にごま油適量（分量外）をつけ、2を平たい丸に成形する。
4 フライパンにごま油を熱し、3を両面こんがりと焼く。

青じそがさわやかに香るシャキシャキ和風炒め

れんこんとじゃこのきんぴら

1回分 64kcal ／ 冷蔵3日 ／ 冷凍2週間

材料（6回分）
れんこん…15cm
ちりめんじゃこ…大さじ3
しょうが…½かけ
青じそ…5枚
薄口しょうゆ…大さじ1
みりん…大さじ½
塩…各少々
サラダ油…大さじ2

作り方
1 れんこんは皮をむき、2mm幅の半月切りにして水にさらし、ペーパータオルで包んで水けを取り除く。しょうが、青じそは細いせん切りにする。
2 フライパンにサラダ油、しょうがを入れて熱し、じゃこ、れんこんを加えて炒め、薄口しょうゆ、みりんを加え、塩で味をととのえる。
3 2を人肌まで冷まし、青じそを加えて混ぜる。

コンソメ風味のしょうゆダレに浸した香ばしい一品

れんこんの揚げ浸し

1回分 49kcal ／ 冷蔵4日 ／ 冷凍2週間（煮汁と一緒に冷凍）

材料（6回分）
れんこん…15cm
スライスベーコン…2枚
A【しょうゆ大さじ1、コンソメスープの素（顆粒）小さじ½、水200ml】
揚げ油…適量

作り方
1 れんこんは皮をむき、7mm幅に切り、水にさらす。ベーコンは1cm幅に切る。
2 耐熱ボウルにAとベーコンを入れ、ラップをせずに電子レンジで2分加熱する。
3 れんこんをペーパータオルで包んで水けを取り除き、170℃の揚げ油で揚げる。
4 2に3を浸す。

Part 3 サブおかず ○ 白の野菜

パセリが入ってさわやかな風味に！
カリフラワーとパセリのフリット

材料（6回分）
カリフラワー…½個
パセリ（粗みじん切り）…少々
A【片栗粉大さじ4、小麦粉大さじ2、ベーキングパウダー小さじ1、卵白1個分、冷水大さじ2〜3】
塩…少々
揚げ油…適量

作り方
1 カリフラワーは大きめの房に分け、縦に半分に切る。
2 ボウルにAを入れてしっかり混ぜ、1、パセリを加えて混ぜる。
3 2を小さめのひと口大くらいの大きさで、170℃の揚げ油で揚げる。
4 3に塩をふる。

Point ふわっとした食感が楽しめるフリット。揚げ物はフライやから揚げになりがちですが、フリットもバリエーションに加えてみて。具材を変えて作ってみるのもおすすめです。

1回分 75kcal　冷蔵3日　冷凍2週間

ハーブソルトで香りのよいおかず
フレンチフライドポテト

材料（6回分）
じゃがいも…3個
A【ハーブソルト小さじ1、小麦粉・片栗粉各小さじ½】
塩…少々
揚げ油…適量

作り方
1 じゃがいもは皮をむき、7mm角の棒状に切る。
2 1にAをまぶし、170℃の揚げ油で揚げる。
3 2に塩をふる。

  サーモンのマヨハーブ焼き →P78 ポークビーンズ →P87

1回分 91kcal　冷蔵4日　冷凍2週間

レモンとりんご酢でさっぱり食べられる
カリフラワーとチーズのピクルス

材料（6回分）
カリフラワー…½個
チェリーモッツァレラチーズ…12個
レモン（5mm幅薄切り）…3枚
A【りんご酢大さじ3、白ワイン・砂糖各大さじ1、コンソメスープの素（顆粒）・塩各小さじ⅓、黒粒こしょう少々、水130ml、ローリエ1枚】

作り方
1 カリフラワーは小さめの房に分ける。レモンはいちょう切りにし、モッツァレラチーズはペーパータオルで水けを取り除く。
2 耐熱ボウルにAを入れ、ラップをせずに電子レンジで沸騰するまで1分30秒〜2分加熱する。カリフラワーを加え、さらに沸騰するまで加熱し、粗熱をとる。
3 2にモッツァレラチーズ、レモンを加え、半日冷蔵庫におく。

1回分 75kcal　冷蔵5日　冷凍NG

サブおかず　朝ラクおかず ○ 白の野菜

豚肉のうまみとれんこんの食感がベストマッチ
れんこんの豚肉蒸し

材料（6回分）
- れんこん（5mm幅）…2枚
- 豚肩ロース肉（しゃぶしゃぶ用）…4枚
- 塩・こしょう…各少々
- 片栗粉…少々
- A【ナンプラー小さじ½、スイートチリソース小さじ⅓、水大さじ1】

作り方
1. れんこんは皮をむいて2等分に切り、水にさらしてアク抜きし、ペーパータオルで包んで水けを取り除く。
2. 豚肉に塩、こしょうをふり、片栗粉をまぶして1を巻き、さらに片栗粉を薄くまぶす。
3. 耐熱皿にクッキングシートをしき、2をのせ、混ぜ合わせたAを回しかけ、ふんわりとラップをして電子レンジで2分加熱し、そのまま1分ほどおく。

調理時間 5min／1人分 230kcal

シャキシャキの玉ねぎの食感を残した和え物
玉ねぎと桜えびのナムル

材料（1人分）
- 玉ねぎ…¼個
- 桜えび（乾燥）…1g
- しょうが（すりおろし）・鶏がらスープの素（顆粒）…各小さじ⅓
- 酒…大さじ½
- ごま油…小さじ⅓

作り方
1. 玉ねぎは1cm幅のくし形切りにする。
2. 耐熱ボウルに1、桜えび、しょうが、鶏がらスープの素、酒を入れ、ふんわりとラップをして電子レンジで2分加熱し、そのまま1分ほどおく。
3. 2にごま油を加えて混ぜる。

調理時間 5min／1人分 40kcal

茎も一緒に詰め込んだ、おしゃれなかぶ料理
かぶのひき肉詰め

材料（1人分）
- かぶ…1個
- 塩・こしょう…各少々
- 片栗粉…小さじ½
- 酒…大さじ1
- A【豚ひき肉30g、かぶの茎（みじん切り）大さじ1、しょうが（すりおろし）小さじ⅓、塩・こしょう各少々】

作り方
1. かぶは皮をむき、上下を少し切り落とす。厚みを半分に切り、切った面の中心をくりぬき、塩、こしょうをふり、片栗粉をまぶす。くりぬいた部分はみじん切りにする。
2. ボウルにかぶのくりぬいた部分小さじ1、Aを入れてよく混ぜ、1のかぶに詰める。
3. 耐熱皿にクッキングシートをしき、詰めた面を下にしておき、酒を回しかけふんわりとラップをして電子レンジで3分加熱し、そのまま2分ほどおく。

調理時間 7min／1人分 94kcal

他の色を引き立ててくれる「白」のおかず。玉ねぎ、かぶ、大根、じゃがいもなど、シンプル調理でおいしさが生きる素材ばかりです。食感が生きるよう、加熱しすぎに注意しましょう。

Part 3 サブおかず ● 白の野菜

ベーコンとコンソメが染み込んだうまみ大根
大根とベーコンの温サラダ

材料（1人分）
- 大根…⅒本
- スライスベーコン…½枚
- コンソメスープの素（顆粒）…小さじ¼
- 酒…大さじ1
- 塩・こしょう…各少々

作り方
1. 大根は3cm幅に切り、拍子切りにする。ベーコンは5mm幅に切る。
2. 耐熱皿に大根を広げ、ベーコンを上にちらし、コンソメスープの素、酒を回しかけ、ふんわりとラップをして電子レンジで5分加熱し、そのまま2分ほどおく。
3. 2を混ぜ、塩、こしょうで味をととのえる。

調理時間 10min ／ 1人分 63kcal

たらことマッシュポテトで無敵の組み合わせ
たらもサラダ

材料（1人分）
- マッシュポテト（乾燥）…20g
- 牛乳…80ml
- たらこ（ほぐしたもの）…大さじ1
- パセリ（みじん切り）…少々
- レモン汁…小さじ1
- マヨネーズ…大さじ1
- 塩・こしょう…各少々

作り方
1. 耐熱ボウルにマッシュポテト、牛乳を入れてよく混ぜ、ふんわりとラップをして電子レンジで2分～2分30秒加熱し、よく混ぜる。
2. 1が熱いうちにたらこ、パセリ、レモン汁、マヨネーズを加えてよく混ぜ、塩、こしょうで味をととのえる。

＊じゃがいもでマッシュポテトを作る場合＊
じゃがいも大1個を塩ゆでし、牛乳大さじ1を加えながらなめらかになるまで潰す。

調理時間 7min ／ 1人分 232kcal

乾燥マッシュポテトで混ぜるだけのお手軽コロッケ
焼きコロッケ

材料（1人分）
- マッシュポテト（乾燥）…20g
- 牛乳…80ml
- スライスベーコン…½枚
- バター…10g
- 塩・こしょう…各少々
- A【パン粉・オリーブオイル各大さじ2、粉チーズ大さじ1】

作り方
1. 耐熱ボウルにマッシュポテト、牛乳を入れてよく混ぜる。5mm幅に切ったベーコン、バターを加え、ふんわりとラップをし、電子レンジで1分～1分30秒加熱する。
2. 塩・こしょうで味をととのえたら3等分にして3cmくらいの平たい丸に成形し、混ぜ合わせたAをしっかりまぶす。
3. オーブントースターの天板にシリコーン樹脂加工のアルミホイル（P138参照）をしき、2を並べ、3～5分加熱する。

調理時間 10min ／ 1人分 502kcal

Column

男子1週間弁当

週末
― Sat / Sun ―

{ 作りおきするおかず }

Point

食べ盛りの男子には、しっかり味つけしたタンパク質のメインおかずを3品と、腹持ちのよいフライドポテト、彩りのよいにんじんやパプリカのサブおかずの計6品を作りおき。

から揚げ ▶▶P58

牛肉と赤パプリカのオイスターソース炒め ▶▶P65

ぶりのさっぱり照り焼き ▶▶P75

にんじんのさっぱりグラッセ ▶▶P105

赤パプリカとハムの中華風和え物 ▶▶P105

皮つきフライドポテト ▶▶P124

月曜日
― Mon ―

牛肉オイスターソース炒め弁当

― Point ―

月曜日の朝は作りおき2品と、火を使わずに和えるだけで作れるおかずでラクチン弁当。

主食
ごはん＋黒炒りごま

| メインおかず | 作りおき |
牛肉と赤パプリカのオイスターソース炒め

| サブおかず | 作りおき |
皮つきフライドポテト

| サブおかず | 朝ラク |
ピーマンとちくわの和え物 ▶▶P121

火曜日
― Tue ―

から揚げ弁当

― Point ―

から揚げとにんじんのグラッセには、緑の野菜を使ったおかずを合わせて彩りよく詰めて。

主食
ごはん＋ふりかけ

| メインおかず | 作りおき |
から揚げ

| サブおかず | 作りおき |
にんじんのさっぱりグラッセ

| サブおかず | 朝ラク |
アスパラとベーコンのカレーロースト ▶▶P120

週末におかずを何品か作りおきしておけば、1週間のお弁当作りがとってもラクチンに！
作りおきおかずをそのまま詰めたり、アレンジしたり、朝ラクおかずをプラスしたりと、1週間の献立を紹介します。

水曜日 - Wed -
ぶりの照り焼き弁当

― Point ―
ぶり照りをごはんにのせて豪華に。牛肉のオイスターソース炒めは少量詰めて、サブおかずとして。

主食
ごはん

メインおかず 作りおき
ぶりのさっぱり照り焼き

サブおかず 作りおき
牛肉と赤パプリカのオイスターソース炒め

サブおかず 作りおき
赤パプリカとハムの中華風和え物

サブおかず 朝ラク
小松菜と桜えびのナムル ▶▶P120

木曜日 - Thu -
サンドイッチ弁当

― Point ―
週後半は、作りおきおかずをアレンジするのもおすすめ。たまにはパン弁当にしてみても。

主食 アレンジ
ロールパンにおかずを挟むだけ！
から揚げのサンドイッチ

混ぜ合わせたトマトケチャップ大さじ1½と中濃ソース・水各大さじ½とから揚げを電子レンジで一緒に加熱して和え、バターを塗ったロールパンに、サラダ菜とともに挟む。

サブおかず 作りおき
にんじんのさっぱりグラッセ

サブおかず 朝ラク
赤パプリカともやしのナムル ▶▶P108

サブおかず 朝ラク
ズッキーニのピザ ▶▶P121

金曜日 - Fri -
ぶりの混ぜごはん弁当

― Point ―
ぶり照りを混ぜごはんにアレンジ！ ほぐして和えるだけだから忙しい朝でも作りやすい。

主食 アレンジ
簡単に混ぜごはんが完成！
ぶりのさっぱり照り焼きの混ぜごはん

ごはん、ぶりのさっぱり照り焼きを電子レンジで加熱し、ぶりを崩しながら骨と皮を取り除き、みじん切りのみょうが½個、小口切りの万能ねぎ1本を加え、塩少々で味をととのえ、白炒りごまをふる。

サブおかず 作りおき
赤パプリカとハムの中華風和え物

サブおかず 朝ラク
いんげんと豚バラのオイスターソース炒め風 ▶▶P121

Column

 作ってみよう！

女子1週間弁当

週末 — Sat / Sun —

{ 作りおきするおかず }

— Point —

女子弁当には野菜をたっぷり使ったメインおかず3品と、彩りのきれいなサブおかずを5品、作りおき。たくさんの種類の作りおきを作っておけば、朝は詰めるだけでOKの日もあるのがうれしい！

 牛肉とセロリのエスニックサラダ ▶▶P65

 赤パプリカとベーコンのオイスターソース炒め ▶▶P104

 鶏つくね ▶▶P66

 にんじんとナッツのサラダ ▶▶P107

 ラディッシュとうずらのピクルス ▶▶P106

 いんげんとピーナッツの炒め物 ▶▶P118

 さつまいもとレーズンのレモン煮 ▶▶P111

カリフラワーとパセリのフリット ▶▶P131

月曜日 — Mon —

鶏つくね弁当

— Point —

週の始まりは無理せず、作りおきおかずを詰めるだけのお弁当。簡単なのに、見栄えもバッチリ。

主食　ごはん＋黒炒りごま

| メインおかず | 作りおき |
鶏つくね

| サブおかず | 作りおき |
ラディッシュとうずらのピクルス

| サブおかず | 作りおき |
さつまいもとレーズンのレモン煮

| サブおかず | 作りおき |
いんげんとピーナッツの炒め物

火曜日 — Tue —

牛肉のエスニック炒め弁当

— Point —

トースターで作れるスパイシーシュリンプを朝1品作るだけ。かわいいピックをつけて詰めました。

主食　ごはん＋ふりかけ

| メインおかず | 作りおき |
牛肉とセロリのエスニックサラダ

| サブおかず | 朝ラク |
スパイシーシュリンプ ▶▶P77

| サブおかず | 作りおき |
赤パプリカとベーコンのオイスターソース炒め

女子にうれしいヘルシーで彩り豊かな1週間の献立をご紹介。作りおきおかずをたくさん作れば、毎朝ラクするお弁当が簡単にできる！ 使い切らなかった作りおきおかずは、晩ごはんのおかずにしても。

水曜日 – Wed –
ショートパスタ弁当

— Point —
鶏つくねを粗くほぐし、パスタに混ぜた簡単アレンジ！ 作りおきをフル活用したお弁当です。

主食 [アレンジ] （つくねが別のおかずに変身！）

鶏つくねのショートパスタ

ほぐした鶏つくね、コンソメスープの素（顆粒）小さじ1/3、トマトケチャップ大さじ2、水大さじ1/2を電子レンジで一緒に加熱し、ゆでてオリーブオイルを和えたショートパスタと混ぜる。

サブおかず [作りおき]
にんじんとナッツのサラダ

サブおかず [作りおき]
いんげんとピーナッツの炒め物

サブおかず [作りおき]
カリフラワーとパセリのフリット

木曜日 – Thu –
2種類のエスニックおかず弁当

— Point —
野菜が入ったメインおかずには、タンパク質の卵を使ったサブおかずを朝1品プラスして。

主食
ごはん＋白炒りごま

メインおかず [作りおき]
牛肉とセロリのエスニックサラダ

サブおかず [朝ラク]
チーズオムレツ ▶▶P87

サブおかず [作りおき]
ラディッシュとうずらのピクルス

サブおかず [作りおき]
カリフラワーとパセリのフリット

金曜日 – Fri –
ポークビーンズ弁当

— Point —
朝作ったポークビーンズを、ごはんにのせたお弁当。サブおかずは全て作りおきでラクチンです。

主食
ごはん

メインおかず [朝ラク]
ポークビーンズ ▶▶P87

サブおかず [作りおき]
赤パプリカとベーコンのオイスターソース炒め

サブおかず [作りおき]
さつまいもとレーズンのレモン煮

サブおかず [作りおき]
いんげんとピーナッツの炒め物

137

Column

朝ラクできる！
サブおかずの調理ポイント

忙しい朝は、とにかく時間と手間をかけずに、おかずを作りたい！
そこで、電子レンジやオーブントースターを上手に使って作るサブおかずの
調理のポイントを紹介します。これで毎日のお弁当作りがとってもラクチンに！

Point 1

**野菜やきのこをゆでるなら
断然レンジがラク！**

電子レンジで加熱すれば、そのままボウルで味つけして完了！ お湯を沸かす手間も、洗いものも減るのがうれしい。

Point 2

**下味のついた肉や魚を
野菜に重ねて加熱するのが◎**

下味をつけた材料を、野菜にかぶせるように全体にのせることで、レンジやトースター調理でも、味がよく染み、味ムラも防げます。

Point 3

**味出し食材を
野菜の上にのせて焼くと
調味いらず！**

ソーセージやハム、ベーコン、スパムなど、うまみや塩けがある食材を野菜にのせれば、加熱後に調味料を加える手間が省けます。

Memo

**くっつかないホイル材を使うと
お弁当作りは断然ラクになる！**

アルミホイルをしいて、トースターで加熱するときに、シリコーン樹脂加工のアルミホイルを使えば、食材がくっつかずにスムーズ！

Part 4

部活 &
塾弁レシピ

部活や塾でもお弁当が必要…という方も多いのでは？
ここでは、スポーツをする子どもが喜ぶスタミナのある部活弁当と、
眠くなりにくく勉強に集中できる塾弁当を、ポイントを交えて紹介します。

男子＆女子の 部活弁の栄養のこと

パフォーマンスを上げて試合や大会の本番を迎えるために、知っておきたい栄養のこと。
部活の中でも競技種目によってポイントも変わるのでしっかり理解しておきましょう。

基本的な体作りが目標だから エネルギーとタンパク質を中心に ビタミン、ミネラルをバランスよく

毎日の部活でパフォーマンスを上げていくためには、体の基礎づくりが大切。そのためには、タンパク質、カルシウム、鉄分が重要。トレーニングの際には、これらの栄養を意識したお弁当を作りましょう。また、持久力をアップさせたり、筋肉をつくるために必要なのが、ごはんやパン、麺などの炭水化物。部活に励む中高生へは特に、炭水化物多めのお弁当作りを心がけて。

- エネルギー源になる炭水化物を多めに
- 野菜もバランスよく
- 良質のタンパク質もたっぷり

MEMO

試合当日のお弁当は何がいい？

試合の時間にもよりますが、試合後にお弁当を食べることが多いので、糖質とタンパク質多めのお弁当で疲労回復を。前日の夕食と当日の朝食は、主食と果物を多めにして、脂質の多いもの、生もの、食物繊維の多いものは控えましょう。

スポーツ別 摂り入れたい栄養のこと

パワー＆スピード系 スポーツ

野球／ソフトボール／卓球／テニス／バドミントン／バレーボール

タンパク質とビタミンC多めでコラーゲンを増やして

打つ、投げる、走るために必要な炭水化物の他に、パワー、スピード、スタミナをつけるタンパク質、骨や腱を構成するコラーゲンを増やすためにビタミンCを多めに取り入れましょう。

下半身＆全身の筋力系 スポーツ

サッカー／バスケット／ラグビー

タンパク質とビタミンB_6を中心にカルシウムやビタミンC、鉄分を

下半身や全身の筋力系のスポーツには、頭と体のエネルギー源としての炭水化物、筋肉、骨の材料となるタンパク質とビタミンB_6を中心に、ケガ予防にカルシウム、ビタミンC、鉄分を。

瞬発力系 スポーツ

陸上＆水泳の短距離種目
走り高跳びや棒高跳び、走り幅跳び

タンパク質とビタミンB_6、ビタミンCをたっぷりと

瞬発力系のスポーツは、たっぷりのタンパク質とビタミンB_6で筋肉量を、ビタミンCやカルシウムを摂って強い骨や腱を構成するコラーゲンを増やして。ただし脂質の摂り過ぎは要注意。

持久力系 スポーツ

陸上＆水泳の長距離種目

スタミナ源の糖質や脂質とビタミンB群で強い心肺機能を

持久力系のスポーツは、スタミナ強化が重要。エネルギー源の炭水化物と脂質、これらをエネルギーに変えるビタミンB群を多めに。有酸素運動で消費されがちな鉄分もたっぷり摂取して。

男子部活弁当 ①

がっつりステーキ炒飯弁当

にんにくチップとステーキ用牛肉を贅沢に炒め合わせた男子チャーハン。
コンソメとしょうゆのダブルのうまみで仕上がりの満足度は間違いなし！ ブロッコリーを加えて野菜補給も。

サブおかず
ほうれん草とベーコンのソテー
バターじょうゆの味つけで、ごはんによく合うおかずです。

ガーリック風味が食欲をそそる！

サブおかず
えびとミニトマトのマリネ
トマトとえびの色合いで、お弁当が明るく！さっぱり味の一品です。

主食
ステーキガーリック炒飯
ステーキ肉で食べごたえも満点！ ガーリック風味で食欲を刺激します。

調理時間 25 min　総エネルギー 1160 kcal

Time Schedule

	0	5	10	15	20	25
● ステーキガーリック炒飯		牛肉、野菜の下準備		牛肉を焼く	炒飯を炒める	
● ほうれん草とベーコンのソテー				ほうれん草をゆでる＆材料を切る		炒める
● えびとミニトマトのマリネ			えびをゆでる＆野菜の下処理		漬ける	

★主食
ステーキガーリック炒飯
[986kcal／10min]

- 材料（1人分）
温かいごはん…400g
牛もも肉（ステーキ用）…100g
ブロッコリー…3房
玉ねぎ（みじん切り）…¼個分
にんにくチップ…大さじ1
塩・こしょう…各少々
コンソメスープの素（顆粒）…小さじ½
しょうゆ…大さじ½
サラダ油…大さじ1

作り方
1. 牛肉に塩、こしょうをふり、サラダ油半量を熱したフライパンで両面を焼き、粗熱がとれたら、ひと口大のそぎ切りにする。
2. ブロッコリーは小さめの房に分け、塩ゆでして水けをしっかりきる。
3. フライパンに残りのサラダ油を熱し、玉ねぎ、ごはんを入れて炒め、コンソメスープの素、**1**の牛肉、にんにくチップを加えて炒め、しょうゆを回しかけ、**2**を加えて混ぜる。

スポーツ栄養MEMO
牛肉には良質なタンパク質と鉄分が多く含まれ、成長を促進・集中力を高める効果も。にんにくのビタミンB₁とB₆、ブロッコリーのビタミンCでケガ予防に。

詰め方Point!
ステーキガーリック炒飯をどーんと詰め込む
まずは、ステーキが入った炒飯をお弁当箱にたっぷりと詰めましょう。ステーキが見えるように詰めると豪華な印象になり、思わずテンションも上がりそう。青じそで仕切って、サブおかず2品を詰めれば完成です。

★サブおかず
ほうれん草とベーコンのソテー
[70kcal／5min]

- 材料（1人分）
ほうれん草…2株
スライスベーコン…½枚
しょうゆ…小さじ½
バター…小さじ1

作り方
1. ほうれん草はゆで、水けをしっかり絞り、ざく切りにする。ベーコンは5mm幅に切る。
2. フライパンにバターを熱し、ベーコンを入れて炒め、ほうれん草を加えてさらに炒め、しょうゆを回しかける。

★サブおかず
えびとミニトマトのマリネ
[104kcal／15min]

- 材料（1人分）
むきえび…大6〜7尾
ミニトマト…3個
セロリ…⅙本
A【オリーブオイル小さじ½、ハーブソルト小さじ⅓、レモン汁大さじ1】
白ワイン・塩…各適量

作り方
1. 鍋に白ワインと水適量を入れて火にかけ、沸騰したら塩を加え、えびをゆでて水けをきる。
2. ミニトマトは爪楊枝で穴を2カ所あける。セロリは5mm幅の薄切りにする。
3. ボウルに**A**を入れてよく混ぜ、**1**、**2**を加えて和え、保存袋に入れて15分以上漬ける。

スポーツ栄養MEMO
疲労回復効果のあるタウリンを含むえびと、食欲促進効果もあるセロリにミニトマトで彩りよく。ぷりぷりとシャキシャキの食感も楽しめるさっぱりマリネ。

Part 4 部活&塾弁レシピ 男子部活弁当

男子部活弁当 ❷ がっつりお魚弁当

もち米入りの炊き込み炒飯で食べごたえバッチリ

スポーツ栄養MEMO
さんまやじゃこには成長期に必要なカルシウムが豊富。また、ビタミンCの豊富なピーマン・赤パプリカも一緒に。育ち盛りの基本的な体作りにピッタリのお弁当。

調理時間 25min / 総エネルギー 1229kcal

★主食
炊き込み炒飯
[1418kcal／5min]
全量　炊く時間は除く

材料（2合分）
- 米…1.5合
- もち米…0.5合
- 豚赤身ひき肉…150g
- にんじん…½本
- ピーマン…2個
- 長ねぎ…½本
- しょうが…½かけ
- A【しょうゆ・酒各大さじ2、鶏がらスープの素（顆粒）小さじ1½】
- 白炒りごま…適量

作り方
1. 米ともち米はといで水けをきる。
2. にんじん、ヘタと種を取り除いたピーマンは粗みじん切りにする。長ねぎ、しょうがはみじん切りにする。
3. 炊飯釜に1、Aを入れ、2合の目盛りまで水を注ぎ、2、ひき肉を加え、普通に炊く。弁当箱に400g詰めたら、白炒りごまをふる。

★メインおかず
さんま巻き
[458kcal／10min]

材料（1人分）
- さんま（3枚おろし）…2枚
- さやいんげん…6本
- 塩・こしょう…各適量
- 片栗粉・小麦粉…各適量
- A【みそ・しょうゆ・にんにく（すりおろし）各小さじ½、みりん小さじ1、水大さじ½】
- ごま油…小さじ1

作り方
1. いんげんはヘタを切り落とす。
2. さんまは身の方に塩、こしょうをふり、片栗粉をまぶし、1を3本のせてくるくる巻き、全体に小麦粉を薄くまぶす。これを2本作る。
3. フライパンにごま油を熱し、2をとじ目から焼き、全体に火が通ったら、混ぜ合わせたAを加え、煮絡める。

★サブおかず
ピーマンと赤パプリカのじゃこ炒め
[62kcal／7min]

材料（1人分）
- ピーマン…1個
- パプリカ（赤）…⅛個
- ちりめんじゃこ…大さじ1
- しょうが（せん切り）…¼かけ分
- しょうゆ…小さじ½
- ごま油…小さじ1

作り方
1. ピーマン、パプリカはヘタと種を取り除き、細切りにする。
2. フライパンにごま油を熱し、1、じゃこ、しょうがを入れて炒め、しょうゆを回しかける。

男子部活弁当 ❸ 鶏ハムと鮭おにぎり弁当

手作り鶏ハムと青菜が香るおにぎり弁当！

Part 4 部活＆塾弁レシピ／男子部活弁当

調理時間 20 min ／ 総エネルギー 1581 kcal

スポーツ栄養 MEMO
健康的な体作りに欠かせない鶏むね肉。いろいろ使える鶏ハムで良質なタンパク質を。小松菜のカルシウム、ブロッコリーのビタミンCでバランスよく。

★主食
ゴロッと鮭のおにぎり
[973kcal／10min]

材料（1人分）
- 温かいごはん…400g
- 甘塩鮭（切り身）…1切れ
- 小松菜の茎…1株分
- 白炒りごま…大さじ1
- しょうが（せん切り）…½かけ分
- みりん…大さじ1
- 焼きのり…½枚
- ごま油…小さじ1

作り方
1. 小松菜は根元を切り落とし、細かく刻んで塩少々（分量外）をまぶし、しんなりしたら水けを絞る。フライパンにごま油を熱し、小松菜、白炒りごま、しょうがを入れて水けを飛ばすように炒める。
2. 鮭はみりんに浸し、グリルで火が通るまで焼き、皮と骨を取り除き、3等分にする。
3. ボウルにごはんと1を入れて混ぜ、3等分にして鮭を包んで三角形ににぎり、3等分にした焼きのりを巻く。これを3個作る。

★メインおかず
鶏むね肉のハム
[414kcal／7min]

材料（1人分）
- 鶏むね肉…1枚
- にんにく・しょうが（薄切り）…各2枚
- 長ねぎ（青い部分）…½本分
- 酒…大さじ1
- 塩…小さじ½
- こしょう…少々

作り方
1. 鶏肉はフォークで細かく刺し、皮をきれいにのばし、形を整え、塩、こしょうをふる。
2. 耐熱皿に1、にんにく、しょうが、縦半分に切った長ねぎをのせ、酒を回しかけ、ふんわりとラップをして電子レンジで2分30秒加熱する。ひっくり返してふんわりとラップをし、1分30秒加熱し、そのまま2分ほどおき、粗熱をとる。
3. 2をそぎ切りにし、2の煮汁に浸す。

＊かたまりのまま持って行き、サラダチキンとして食べてもOK。

★サブおかず
ブロッコリーエッグサラダ
[194kcal／5min]

材料（1人分）
- ブロッコリー…大3房
- ゆで卵…1個
- A【マヨネーズ・水きりヨーグルト（下記参照）各大さじ1、ハーブソルト小さじ½、砂糖少々】

作り方
1. ブロッコリーは食べやすい大きさに切り、塩ゆでして水けをしっかりきる。ゆで卵は4等分に切る。
2. ボウルにAを入れて混ぜ、1を加えてさっと和える。

＊水きりヨーグルトの作り方＊
ボウルにザル、ペーパータオルの順に重ね、プレーンヨーグルト適量をのせ、冷蔵庫に入れて一晩おく。

145

男子部活弁当 ❹ 豚肉がっつり洋風弁当

ケチャップとソースで焼いた豚肉がおいしい！

スポーツ栄養MEMO
お肉だけのメインおかずには、たっぷり野菜が摂れるサブおかずを合わせてバランスよく。にんじんは油と一緒に摂ることでカロテンの吸収がアップします。

調理時間 20min / 総エネルギー 1405kcal

★主食
ハムとパセリのバターライス
[875kcal／5min]

材料（1人分）
- 温かいごはん…400g
- ハム…4枚
- パセリ（みじん切り）…大さじ1
- バター…大さじ½
- 塩・こしょう…各適量

作り方
1. ハムは5mm四方くらいに切る。
2. ボウルにごはん、1、パセリ、バターを入れて混ぜ、塩、こしょうで薄味に味をととのえる。

★メインおかず
ポークチャップ
[438kcal／10min]

材料（1人分）
- 豚ロース肉（しょうが焼き用）…3枚
- 塩・こしょう…各適量
- 小麦粉…適量
- **A**【トマトケチャップ大さじ3、中濃ソース大さじ1、水大さじ½、砂糖小さじ1、にんにく（すりおろし）小さじ½】
- サラダ油…小さじ1

作り方
1. 豚肉は長さを半分に切り、塩、こしょうをふり、小麦粉をまぶす。
2. フライパンにサラダ油を熱し、1を入れて片面にこんがりと焼き色がつくまで焼き、ひっくり返してふたをし、弱火で2分ほど焼く。
3. 2にAを加え、強火で煮絡める。

★サブおかず
ロースト野菜
[92kcal／8min]

材料（1人分）
- かぼちゃ（5mm幅のスライス）…3枚
- にんじん（5mm幅の輪切り）…3枚
- さやいんげん…3本
- **A**【ハーブソルト少々、オリーブオイル小さじ1】

作り方
1. いんげんはヘタを切り落とし、半分の長さに切る。
2. ボウルに野菜を入れ、Aを加えて和える。
3. オーブントースターの天板にシリコン樹脂加工のアルミホイル（P138参照）をしき、2をのせて5～6分焼く。

男子部活弁当 ⑤ ツナちらし寿司弁当

ガッツリお肉とさわやかな
ちらし寿司のお弁当

Part 4 部活&塾弁レシピ / 男子部活弁当

調理時間 20 min　総エネルギー 1269 kcal

スポーツ栄養MEMO
低カロリーで高タンパクの豚ヒレ肉は、疲労回復や代謝促進効果もありビタミンB₁も豊富。野菜たっぷりのさっぱりおかずとごはんでスタミナアップ。

★主食
ツナちらし寿司
[922kcal／7min]

材料（1人分）
温かいごはん…400g
ツナ缶（チャンク）…小1缶
きゅうり…½本
レモン汁…大さじ1
A【酢大さじ2、砂糖小さじ2、塩小さじ½、薄口しょうゆ小さじ1】
白炒りごま…適量

作り方
1 ツナは油をしっかりきり、レモン汁を絡める。
2 きゅうりは薄い輪切りにし、塩適量（分量外）でもみ込み、しんなりしたら水けを絞る。
3 ボウルにごはん、混ぜ合わせたAを入れて混ぜ、1、2を加えて混ぜる。白炒りごまをふる。

★メインおかず
豚ヒレ肉のカレーステーキ
[285kcal／10min]

材料（1人分）
豚ヒレ肉…100g
塩・カレー粉…各小さじ1
小麦粉…適量
A【ウスターソース・水各大さじ½、はちみつ大さじ1、しょうゆ小さじ1】
サラダ油…小さじ1

作り方
1 豚肉はそぎ切りにし、包丁の背でたたき、塩、カレー粉をふり、小麦粉をまぶす。
2 フライパンにサラダ油を熱し、1を入れて両面焼き色をつけるように焼き、火を通す。
3 2にAを加え、煮詰めるように絡める。

★サブおかず
彩り野菜のナムル
[62kcal／8min]

材料（1人分）
にんじん…1/10本
きくらげ（戻したもの）…2個
パプリカ（赤）…⅛個
小松菜…1株
もやし…ひとつかみ
A【にんにく（すりおろし）…¼かけ分
鶏がらスープの素（顆粒）…小さじ½
酒…大さじ1】
塩・こしょう…各適量
ごま油…小さじ½

作り方
1 にんじん、きくらげ、ヘタと種を取り除いたパプリカはもやしの長さにそろえてせん切りにする。小松菜は根元を切り落とし、3cm幅に切る。
2 耐熱ボウルに1、もやし、Aを入れ、ふんわりとラップをして電子レンジで3分加熱し、そのまま2分おく。塩、こしょうで味をととのえ、ごま油を加えて和える。

女子部活弁当 ❶

タンパク質たっぷりヘルシー弁当

低脂肪、高タンパク質の代表「鶏ささみ」で野菜を巻いたお手軽おかず。ベーコンでうまみもアップ！
香りのよいトマトマリネとコクのあるアスパラ焼きを組み合わせました。

脂質を抑えてヘルシーに！

主食
ごはん…200g／
白炒りごま…適量
エネルギー　345kcal

サブおかず
ミニトマトのマリネ
ローズマリーの香りが広がる、さっぱり味のカラフルなおかずです。

サブおかず
アスパラのチーズ焼き
アスパラがきれいに並んだ、チーズとハーブソルトがよく合う一品！

メインおかず
ささみロール
電子レンジで作れて簡単！　野菜を巻いているから、栄養も彩りもボリュームも◎。

調理時間 **20 min**　総エネルギー **666 kcal**

Time Schedule

	0	5	10	15	20	25
● ささみロール		材料を切る		具材をささみで巻き、電子レンジで加熱		
● ミニトマトのマリネ		トマトに穴をあけ、Aに漬ける				
● アスパラのチーズ焼き			アスパラを切り、チーズをのせてAを和える　焼く			

★メインおかず
ささみロール
[208kcal／7min]

- 材料（1人分）
鶏ささみ…2本
スライスベーコン…1枚
パプリカ（赤・黄）…各⅙個
さやいんげん…2本
塩・こしょう…各適量
片栗粉…適量

作り方
1 ベーコンは長さを半分に切り、パプリカはヘタと種を取り除いて細切り、いんげんはヘタを切り落として長さを半分に切る。
2 ささみは縦に切り目を入れて開き、塩、こしょうをふり、片栗粉をまぶす。1をそれぞれ½量ずつのせて巻き、全体に片栗粉をまぶし、ラップでキャンディー状にしっかり包み、ラップの両端を上で結ぶ。これを2個作る。
3 耐熱皿に2を並べ、電子レンジで2分30秒加熱し、そのまま2分おく。粗熱がとれたら、半分に切る。

良質なタンパク質を多く含み、脂肪が少なく低カロリーな鶏ささみがメインのおかずです。パプリカのビタミンCと、いんげんのビタミンB_2で体作りをサポート。

おかずの彩りがきれいだから ごはんはシンプルでOK
彩り豊かなおかずのおかげで、ごはんに白炒りごまをかけるだけで様になります。ささみロールは、切り口が見えるように詰めることで、赤と黄色のパプリカと緑のいんげんの鮮やかな彩りが見え、食欲をそそるお弁当に！

★サブおかず
ミニトマトのマリネ
[65kcal／15min]

- 材料（1人分）
ミニトマト（赤・黄）…合わせて5個
A【ローズマリー½枝、レモン汁大さじ1、はちみつ小さじ1、塩・オリーブオイル各小さじ½、こしょう少々】

作り方
1 ミニトマトは爪楊枝で穴を2カ所あける。
2 ボウルにAを入れて混ぜ、1を加えて和え、保存袋に入れて冷蔵庫で15分以上漬ける。

抗酸化作用のあるリコピンは錆びない体を作ります。ビタミンCも豊富なのでコラーゲンの生成にも。フルーツ感覚で食べられる、甘くておいしいマリネです。

★サブおかず
アスパラのチーズ焼き
[48kcal／7min]

- 材料（1〜2人分）
グリーンアスパラガス…3本
（細ければ6本くらい）
ピザ用チーズ…大さじ2
A【ハーブソルト小さじ⅓、オリーブオイル小さじ½】

作り方
1 アスパラは下のかたい部分を切り落とし、皮のかたいところはピーラーでむき、4cm幅に切り、Aで和える。
2 オーブントースターの天板にシリコーン樹脂加工のアルミホイル（P138参照）をしき、1を並べ、チーズをかけて4〜5分焼く。

アスパラに含まれるアスパラギン酸は、疲労回復効果や免疫力アップが期待できます。カルシウムが豊富なチーズをプラスすればケガ予防の他、美肌効果も。

女子部活弁当 ❷ サーモン焼き弁当

卵黄とマヨネーズのソースが美味のサーモン弁当

スポーツ栄養MEMO
サーモンに含まれるオメガ3系脂肪酸で筋力アップ、アスタキサンチンで筋肉疲労の予防と改善にも効果的。野菜とさつまいものおかずを添えて美肌効果も。

調理時間 20min / エネルギー 877kcal

主食
雑穀ごはん200g／黒炒りごま適量
エネルギー 330kcal

★メインおかず
サーモンのごまマヨ焼き

[338kcal／16min]

材料（1〜2人分）
サーモン（切り身）…1切れ
塩・砂糖…各小さじ½
A【卵黄1個分、マヨネーズ・白すりごま各大さじ1】

作り方
1 サーモンは4等分に切り、塩、砂糖をまぶして10分ほどおき、ペーパータオルで包んでしっかり水けを取り除く。
2 Aをしっかり混ぜ、1の片面に塗り、グリルで5分ほど焼く。

★サブおかず
春菊とにんじんのごまよごし

[27kcal／7min]

材料（1〜2人分）
春菊…2本
にんじん…⅙本
A【白すりごま大さじ½、スイートチリソース小さじ1、薄口しょうゆ小さじ½】

作り方
1 春菊は塩ゆでし、水けをしっかり絞り、3cm幅に切る。にんじんは春菊の幅に合わせて細切りにし、さっと塩ゆでする。
2 ボウルにAを入れて混ぜ、1を加えてしっかり和える。

★サブおかず
さつまいものバターソテー

[182kcal／15min]

材料（1人分）
さつまいも（1cm幅の輪切り）…3枚
砂糖…小さじ1
塩…少々
バター…大さじ½

作り方
1 さつまいもは水にさらしてアク抜きし、塩ゆでする。
2 フライパンにバターを熱し、1を入れて焼き、砂糖、塩を加えて味をととのえる。

女子部活弁当 ❸ 豚肉巻き弁当

肉巻きはミニトマトを包んでジューシー！

Part 4 部活＆塾弁レシピ ／ 女子部活弁当

主食 ◯
雑穀ごはんおにぎり200g／
焼きのり½枚分
カロリー 332kcal

調理時間 20min　総エネルギー 966kcal

スポーツ栄養MEMO
体力を使う部活女子には、豚肉、卵、ツナでタンパク質がたっぷり摂れるお弁当を。噛みごたえのある雑穀ごはんのおにぎりで、ヘルシーなのに満足感◎。

★メインおかず
豚肉のミニトマト巻き
[325kcal／15min]

材料（1〜2人分）
豚肩ロース肉
　（しゃぶしゃぶ用）…8枚
ミニトマト…4個
塩・こしょう…各適量
小麦粉…適量
酒…大さじ1
サラダ油…小さじ½

作り方
1 豚肉を4枚重なるように並べ、塩、こしょうをふり、ミニトマトを2個巻き、表面に塩、こしょうをふり、小麦粉を薄くまぶす。これを2個作る。
2 フライパンにサラダ油を熱し、1をとじ目から焼き、全体に焼き色がついたら酒を回しかけ、ふたをして2分ほど焼く。粗熱がとれたら、半分に切る。

★サブおかず
ツナマヨ厚焼き卵
[266kcal／7min]

材料（1〜2人分）
A【卵2個、マヨネーズ・牛乳各大さじ1】
B【ツナ缶小½缶、マヨネーズ大さじ½、パセリ（みじん切り）少々】
サラダ油…小さじ½

作り方
1 A、Bはそれぞれしっかり混ぜる。
2 卵焼き器にサラダ油を熱し、Aを流し入れてかき混ぜ、スクランブルエッグ状になったら、Bをのせてくるくる巻き、形を整える。
3 粗熱がとれたら、お好みの大きさに切る。

★サブおかず
彩り野菜のディップサラダ
[43kcal／5min]

材料（1〜2人分）
パプリカ（赤・黄）
　…各1/10個
きゅうり…¼本
セロリ…⅛本
A【クリームチーズ20g、ドライミックスハーブ少々、塩小さじ⅓】

作り方
1 野菜は弁当箱に詰めやすい長さに切り、スティック状に切る。水にさらし、ペーパータオルで包んで水けを取り除く。
2 ボウルにAを入れてよく混ぜる。
3 1と2を一緒に詰める。

151

女子部活弁当 ④ イタリアン弁当

炊飯器で作れるピラフがおしゃれなお弁当

調理時間 25 min / 総エネルギー 666 kcal

スポーツ栄養MEMO
高タンパク、低脂肪のえびとささみがたっぷり入ったお弁当。洋風の味つけに気分も変わり、テンションアップ。食べることを楽しめるのは何よりの栄養です。

★主食
えびピラフ

[1433kcal／10min] 全量 炊く時間は除く

材料（2合分）
- 米…2合
- むきえび…大200g
- 玉ねぎ…½個
- セロリ…½本
- にんじん…½本
- にんにく（みじん切り）…1かけ分
- ローリエ…1枚
- 白ワイン…大さじ2
- コンソメスープの素（顆粒）…小さじ1
- バター…大さじ1
- 塩・こしょう…各少々
- パセリ（みじん切り）…大さじ1

作り方
1. フライパンに白ワイン、えび、にんにく、ローリエを入れて火にかけ、ふたをして蒸し焼きにする。米はといで水けをきる。玉ねぎ、セロリ、にんじんはみじん切りにする。
2. 炊飯釜に1の米、野菜、コンソメスープの素、えびの蒸し汁を入れ、2合の目盛りまで水を注ぎ、普通に炊く。
3. 炊きあがったら、えび、バターを加えて混ぜ、塩、こしょうで味をととのえ、パセリをちらす。

★メインおかず
鶏ささみのピカタ

[251kcal／10min]

材料（1〜2人分）
- 鶏ささみ…2本
- 塩・こしょう…各適量
- カレー粉…小さじ1
- 小麦粉…適量
- A【卵1個、マヨネーズ大さじ1】
- オリーブオイル…小さじ1

作り方
1. ささみは長さを3等分に切り、両面を包丁でたたきのばしてから平たい丸に形を整え、両面に塩、こしょう、カレー粉をふり、小麦粉をまぶす。
2. ボウルにAを入れてよく混ぜ、1をくぐらせる。
3. フライパンにオリーブオイルを熱し、2を入れて片面に薄い焼き色がつくまで焼き、ひっくり返してふたをし、弱火で2分ほど焼く。

★サブおかず
ズッキーニとウインナーのトマト炒め

[128kcal／5min]

材料（1〜2人分）
- ズッキーニ…¼本
- ウインナーソーセージ…2本
- A【トマトケチャップ大さじ1、ハーブソルト・粒マスタード各小さじ½、オリーブオイル小さじ1】
- オリーブオイル…小さじ1

作り方
1. ズッキーニは1cm幅の輪切りにし、ウインナーは斜めに切る。
2. フライパンにオリーブオイルを熱し、1を入れて炒め、Aを加えてさらに炒める。

女子部活弁当 5 ほっくり和風弁当

具だくさん鶏飯と、味の染み込んだ野菜が絶品！

Part 4 部活&塾弁レシピ ｜ 女子部活弁当

調理時間 25min ／ 総エネルギー 642kcal

スポーツ栄養MEMO
消化促進効果のあるパイナップルをかじきまぐろと合わせ、しっかりと味つけしたおかずがメインのお弁当。鶏飯にも野菜をたっぷり入れて栄養バランス◎。

★主食
野菜たっぷり鶏飯

[1798kcal／5min]
全量　　炊く時間は除く

材料（2合分）
- 米…2合
- 鶏もも肉…1枚
- にんじん…1/2本
- しめじ…1/2パック
- さやいんげん…5本
- しょうが（みじん切り）…1/2かけ分
- A【酒50ml、しょうゆ大さじ2、鶏がらスープの素（顆粒）小さじ1 1/2】
- ごま油…小さじ1/2

作り方
1. 鶏肉は皮と余分な脂を取り除き、ひと口大に切る。にんじんは拍子木切り、しめじは石づきを切り落として小房に分ける。米はといで水けをきる。いんげんはヘタを切り落として斜め薄切りにし、塩ゆでする。
2. 炊飯釜に1の米とAを入れ、2合の目盛りまで水を注ぎ、いんげん以外の具材をのせて普通に炊く。
3. 炊きあがったら、2をさっと混ぜ、ごま油を加えて混ぜる。仕上げにいんげんをちらす。

★メインおかず
かじきまぐろのBBQ

[209kcal／8min]

材料（1人分）
- かじきまぐろ（切り身）…1切れ
- パイナップル缶（スライス）…1枚
- 塩・こしょう…各少々
- 小麦粉…少々
- A【しょうゆ大さじ1/2、にんにく（すりおろし）小さじ1/3】
- オリーブオイル…大さじ1/2

作り方
1. かじきまぐろは塩、こしょうをまぶして5分ほどおく。ペーパータオルで包んで余分な水分を取り除き、ひと口大に切り、小麦粉をまぶす。パイナップルは食べやすい大きさに切る。
2. フライパンにオリーブオイルを熱し、1を入れてかじきまぐろは両面を焼き、パイナップルは軽く潰すように焼きつけ、Aを加えて絡める。

★サブおかず
野菜の炊き合わせ

[74kcal／10min]

材料（1人分）
- にんじん（1cm幅の輪切り）…3枚
- さやいんげん…3本
- 生しいたけ…3個
- A【和風だし汁100ml、薄口しょうゆ大さじ1/2、砂糖・みりん各小さじ1】

作り方
1. にんじんは花型に抜く。いんげんはヘタを切り落とし、半分の長さに切る。しいたけは軸を切り落とし、かさに3本切り込みを入れる。
2. 鍋にA、1を入れて火にかけ、落としぶたをしてふたをし、にんじんがやわらかくなるまで煮る。

153

男子＆女子の 塾弁の栄養のこと

学校と部活が終わった後に、塾に向かう子どもにとって、夕食を食べるタイミングはとても大切です。だからこそ、お母さんが作る塾弁でがんばる子どもたちを応援してあげましょう。

夕食を2回に分けるという感覚で、主食を中心とした軽めのお弁当を

塾が終わって、家に帰るのが22時過ぎというお子さんも少なくないはず。帰ってからしっかりと食事をするのは、胃にも負担がかかります。基本的には、夕食は2回に分けると考えて、塾弁は主食を中心とした軽めのお弁当を持たせてあげましょう。スープジャーがあれば、ビタミン補給しながら、疲れをほぐしてくれる、温かいスープを持たせるのもおすすめです。

- 野菜たっぷりスープを
- 軽めの主食を
- サラダも少量でOK

MEMO 試験当日のお弁当のこと

試験当日は、休憩時間でも確認作業をしたい場合もあるので、片手で食べられるお弁当がおすすめ。例えば、おにぎりやサンドイッチ、野菜スティックなど手で持って食べられるものを。また、眠くならないように量は気持ち少なめにして。

塾に行く前に食べる食事

おにぎりなどの主食を メインに汁物を添えて

塾に行く前に、家でごはんが食べられるなら、脳のエネルギーになる炭水化物をメインに食事を用意して。おにぎりなどの主食に、汁物を添える程度でOK。汁物は野菜をたっぷり入れて卵でとじるなど、具だくさんにすると栄養満点に。

塾に行って食べる塾弁

塾の休憩時間に食べるお弁当は 小さめおにぎりやサンドイッチを

塾の休憩時間に食べる塾弁は、軽めのものがいいでしょう。脳のエネルギーになるおにぎりやそうめん、サンドイッチなどの主食をメインに、タンパク質やサラダも添えて。たっぷり食べると眠くなるので、小さめサイズを心がけましょう。

家に帰ってからの夕食

寝るまでの時間が短いので 消化のよいおかずを

家に帰ってからの食事は、寝るまでの時間が短いので、消化のよいおかずがおすすめ。ささみや白身魚の煮込み、野菜たっぷりのスープなどは疲れた体を癒します。塾弁で不足していた栄養を補うつもりでメニューを考えるのもコツです。

MEMO

コンビニで 買い食いするときに 気をつけたいポイント

コンビニで買い食いさせる場合、子どもに任せてしまうと、お菓子やから揚げ、清涼飲料水、菓子パンなどに偏ることも。なるべく、おにぎりやサンドイッチ、ゆで卵、野菜スティック、お茶などを選ぶのがよいことを教えてあげましょう。

男子&女子塾弁当 ①

鶏ささみの照り焼き弁当

のりのついた鶏ささみに甘辛い照り焼きダレがよく絡んだメインおかずに、しそじゃこの玄米おにぎりときゅうりの漬物を合わせた、さっぱりと食べられる和風のお弁当です。

調理時間 **20 min** / 総エネルギー **510 kcal**

サブおかず
きゅうりの塩レモン漬け
レモンの風味とバジルの香りが広がって、とってもさわやか！箸休めにもぴったり。

メインおかず
鶏ささみの照り焼き
甘じょっぱい照り焼き味が、さっぱりとしたごはんとおかずによく合う！

主食
しそじゃこの玄米おにぎり
玄米ごはんにじゃことゆかりを混ぜているから、噛むたびにうまみが広がる！

青じそを巻いたおにぎりでさっぱり！

🕐 Time Schedule

	0	5	10	15	20	25
● しそじゃこの玄米おにぎり				混ぜて、にぎる →		
● 鶏ささみの照り焼き		ささみの下準備 →		焼いてAを絡める →		
● きゅうりの塩レモン漬け	材料を切る →	もみ込む →				

★主食
しそじゃこの玄米おにぎり
[295kcal／5min]

・材料（1人分）
温かい玄米ごはん（白米10：玄米1）
　…150g
ちりめんじゃこ…大さじ2
ゆかり…小さじ½
青じそ…2枚

作り方
1 ボウルに玄米ごはん、じゃこ、ゆかりを入れて混ぜる。
2 1を2等分にして三角形ににぎり、青じそを巻く。

塾弁栄養MEMO
よく噛むことは記憶力を向上させ、脳を活性化させます。噛みごたえのあるうまみたっぷりの具材と玄米を混ぜておにぎりに。青じそは胃腸にやさしい効果も。

★サブおかず
きゅうりの塩レモン漬け
[17kcal／10min]

・材料（1人分）
きゅうり…½本
レモン（薄切り）…1枚
レモン汁…大さじ1
ドライバジル…適量
塩…少々

作り方
1 きゅうりは軽く塩で板ずりし、3cm幅に切る。レモンはいちょう切りにする。
2 保存袋にレモン汁、ドライバジル、1、塩を入れ、よくもみ込む。

塾弁栄養MEMO
バジルのさわやかな香りには、精神的な疲労を回復させる効果が。また、ビタミンたっぷりのレモンでスッキリと、リフレッシュできる一品です。

★メインおかず
鶏ささみの照り焼き
[198kcal／10min]

・材料（1人分）
鶏ささみ…2本
しょうが（薄切り）…1枚
片栗粉…大さじ½
焼きのり（3cm四方）…8枚
A【みりん大さじ1、しょうゆ大さじ½、
　砂糖小さじ½】
サラダ油…小さじ½

作り方
1 ささみは半分にそぎ切りにし、包丁で両面をたたき、形を丸く整え、片栗粉をまぶし、焼きのりを両面につける。
2 フライパンにサラダ油を熱し、しょうが、1を入れて片面を色よく焼く。ひっくりしてふたをし、弱火で2分ほど焼く。
3 2にAを加え、強火で絡める。

詰め方Point!
彩りが少ないときは、小物を使う！
全体的に、同じ色のおかずが多かったり、少し寂しい色合いのときは、鮮やかなシリコーンカップに入れたり、カラフルなピックを刺してみると、簡単に雰囲気が明るくなります。仕切りにはサラダ菜を使いました。

男子&女子 塾弁当 ❷ クロックムッシュ弁当

つまんで食べやすい、おしゃれな洋風弁当！

塾弁栄養MEMO
温かい野菜たっぷりのミネストローネは疲れた体にうれしいおかず。体を温めることは、ストレスを和らげ集中力をアップさせてくれます。

調理時間 25min　総エネルギー 644kcal

★主食
クロックムッシュ
[424kcal／7min]

材料（1人分）
食パン（8枚切り）…2枚
ハム…1枚
スライスチェダーチーズ
　…1枚
ホワイトソース（市販）
　…大さじ1
バター…小さじ1

作り方
1 食パンは片面にバター、ホワイトソースを塗り、ハム、チーズを挟む。
2 オーブントースターに1を入れ、3〜4分焼き、落ち着いたら耳を切り落とし、半分に切る。

★サブおかず
ミニトマトのカプレーゼ
[113kcal／15min]

材料（1〜2人分）
ミニトマト（赤・黄）
　…各2個
チェリーモッツァレ
ラチーズ…3個
オリーブオイル
　…小さじ1
ドライバジル…少々
塩…少々

作り方
1 ミニトマトは爪楊枝で穴を2カ所あける。
2 ボウルに1、水けをきったチーズ、オリーブオイル、バジル、塩を入れ、和える。

★サブおかず
ミネストローネ
[107kcal／15min]

材料（作りやすい量／3人分）
スライスベーコン
　…2枚
玉ねぎ…½個
にんじん…⅙本
さやいんげん…4本
セロリ…¼本
じゃがいも…1個
ブロッコリー…1房
コンソメスープの素
　（顆粒）…小さじ1
ローリエ…½枚
塩・こしょう
　…各適量
オリーブオイル
　…小さじ1

作り方
1 野菜は全て1cm角に切る。ベーコンは5mm幅に切る。
2 鍋にオリーブオイルを熱し、1を入れて炒め、コンソメスープの素、ローリエ、かぶるくらいの水を加え、野菜がやわらかくなったら塩、こしょうで味をととのえる。

男子&女子 塾弁当 ❸ そうめん弁当

味つけしているから つゆがなくてもおいしい！

Part 4 部活&塾弁レシピ｜塾弁当

塾弁栄養MEMO
ささっとつまめて手軽に食べられるじゃこそうめん。さっぱりしたおかずを2品プラスして、お腹も満たしつつ、食後に眠くなりにくいお弁当です。

調理時間 20 min ／ 総エネルギー 618 kcal

★主食
じゃこそうめん

[457kcal／5min]

材料（1人分）
そうめん(乾燥)…100g
ちりめんじゃこ…大さじ2
ごま油…小さじ2
薄口しょうゆ…小さじ1
青じそ…5枚
万能ねぎ(小口切り)…1本分

作り方
1. そうめんは袋の表示通りにゆでる。
2. 耐熱ボウルにじゃこ、ごま油、薄口しょうゆを入れ、ふんわりとラップをして電子レンジで沸騰するまで加熱する。
3. ボウルに1、2を入れて混ぜる。
4. 弁当箱に青じそをしき、その上にフォークでひと口大に巻いた2をのせ、万能ねぎをちらす。お好みでストレートのめんつゆを別の容器に入れて持って行ってもよい。

★メインおかず
鶏ささみの しょうゆ漬け

[120kcal／15min]

材料（1～2人分）
鶏ささみ…2本
長ねぎ(青い部分)…1本分
しょうが(薄切り)…1枚(皮でも可)
にんにく(薄切り)…½かけ分
塩…少々
A【酒・みりん・水各大さじ1、しょうゆ大さじ½】
白炒りごま…小さじ½

作り方
1. 耐熱皿にささみをのせ、塩をふる。
2. 1に長ねぎ、しょうが、にんにくをのせ、混ぜ合わせたAをかけ、ふんわりとラップをして電子レンジで2分加熱し、そのまま2分ほどおく。
3. 保存袋に2を汁ごと入れ、10分ほど漬ける。仕上げに白炒りごまをふる。

★サブおかず
大根のせん切り 薬味サラダ

[41kcal／7min]

材料（1人分）
大根…⅙本
にんじん…¼本
青じそ…2枚
万能ねぎ…2本
塩…少々
白炒りごま…小さじ½

作り方
1. 大根とにんじんはスライサーで細いせん切りにし、塩をまぶし、しんなりしたらしっかり水けをきる。青じそはせん切りにし、万能ねぎは斜めに細く切る。
2. ボウルに1を入れてしっかり混ぜ、白炒りごまをふる。お好みのドレッシングを別の容器に入れて持っていってもよい。

男子&女子 塾弁当 ④ エスニックサラダ弁当

おにぎりもナンプラーの味つけでエスニック風！

調理時間 20min
総エネルギー 797kcal

塾弁栄養MEMO
魚醤のナンプラーをおにぎりとサラダに使い、気分を変えてエスニック風に。ビタミンB_1が豊富な豚肉と、ビタミンCたっぷりのフルーツサラダで疲労回復にも効果的。

★主食
枝豆と桜えびのおにぎり
[314kcal／6min]

材料（2個分）
温かいごはん…150g
桜えび（乾燥）…大さじ1
枝豆（薄皮をむく）
　…正味40g
ナンプラー…小さじ½

作り方
1 耐熱ボウルに桜えびを入れ、ふんわりとラップをして電子レンジで20～30秒加熱する。
2 ボウルにごはん、1、枝豆、ナンプラーを入れて混ぜる。
3 2を2等分にして俵形ににぎる。

★メインおかず
エスニックサラダ
[382kcal／7min]

材料（1人分）
豚ロース肉（しゃぶしゃぶ用）…5枚
春雨（乾燥）…10g
にんじん…⅛本
大根…⅒本
バターピーナッツ
　…大さじ2

A【ナンプラー・スイートチリソース各小さじ1、鶏がらスープの素（顆粒）小さじ⅓、塩・こしょう各少々】
パセリ（みじん切り）…少々

作り方
1 豚肉は熱湯で湯通しし、冷水にとり、ペーパータオルで包んで水けを取り除く。春雨は熱湯で戻し、水けをきる。にんじん、大根はスライサーでせん切りにする。バターピーナッツは粗く砕く。
2 ボウルに1、Aを入れてよく混ぜ、パセリをちらす。

★サブおかず
フルーツサラダ
[101kcal／10min]

材料（1人分）
オレンジ…½個
グレープフルーツ
　…½個
はちみつ…小さじ1

作り方
1 オレンジ、グレープフルーツはナイフで外皮をむいて房取りし、皮に残った果肉はボウルに搾る。
2 搾った果汁にはちみつを混ぜ、房取りしたオレンジ、グレープフルーツを5分ほど浸ける。

パンケーキボックス

男子&女子 塾弁当 ⑤

ひと口サイズのバナナ入り パンケーキがかわいい！

Part 4 部活&塾弁レシピ 塾弁当

調理時間 25 min / 総エネルギー 681 kcal

スポーツ栄養MEMO
栄養満点のバナナとヘルシーなヨーグルトが入った、おしゃれなパンケーキ！ビタミンCが豊富なブロッコリーと、サーモン&卵のタンパク質で栄養も◎。

★主食
バナナのパンケーキ

[435kcal／7min]

材料（1人分）
A【ホットケーキミックス75g、溶き卵½個分、牛乳40〜50ml、プレーンヨーグルト大さじ1】
バナナ…½本
レモン汁…大さじ½
粉糖…適量
サラダ油…適量

作り方
1 ボウルに**A**を入れ、よく混ぜる。
2 バナナは4等分の輪切りにし、レモン汁、粉糖を和える。
3 サラダ油をひいたフライパンに**1**をひと口大の大きさに流し入れ、**2**を1枚ずつのせ、両面焼く。仕上げに粉糖をふる。

★サブおかず
ブロッコリーとゆで卵のサラダ

[148kcal／5min]

材料（1〜2人分）
ブロッコリー…小3房
ゆで卵…1個
マヨネーズ…大さじ1½
プレーンヨーグルト…大さじ½
塩・こしょう…各少々

作り方
1 ブロッコリーは塩ゆでし、水けをしっかりきる。ゆで卵は大きめの乱切りにする。
2 ボウルにマヨネーズ、ヨーグルト、**1**を入れて混ぜ、塩、こしょうで味をととのえる。

★サブおかず
玉ねぎとスモークサーモンのマリネ

[98kcal／6min]

材料（1人分）
玉ねぎ…⅙個
スモークサーモン…3枚
A【レモン汁大さじ1、オリーブオイル小さじ1、塩・こしょう各適量】
ディル…少々

作り方
1 玉ねぎは薄切りにし、水にさらして水けを絞る。スモークサーモンは食べやすい大きさに切る。
2 ボウルに**A**を入れてよく混ぜ、**1**を加えて和える。仕上げにディルをのせる。

男子&女子 塾弁当 ⑥ しょうが焼き弁当

豚肉と野菜が入って栄養バランスもバッチリ！

塾弁栄養MEMO
疲労回復効果のある豚肉を使ったしょうが焼きをメインに、タンパク質たっぷりの豆類と野菜のおかずで免疫力と集中力アップのバランスのいいお弁当です。

○ 主食
ごはん150g
エネルギー　252kcal

調理時間 25min ／ 総エネルギー 673kcal

★メインおかず
野菜たっぷり ふわふわしょうが焼き

[253kcal／15min]

材料（1人分）
豚肩ロース肉（しゃぶしゃぶ用）…60g
玉ねぎ…¼個
白炒りごま…小さじ1
A【しょうゆ大さじ½、みりん大さじ1、しょうが（すりおろし）小さじ1】
ごま油…小さじ½

作り方
1 豚肉は食べやすい大きさに切り、湯通しして冷水にとり、ペーパータオルで包んで水けを取り除く。玉ねぎは薄切りにする。
2 フライパンにごま油を熱し、1を入れて炒め、Aを加えて煮絡める。仕上げに白炒りごまをふる。

★サブおかず
ミックスビーンズのコールスロー

[149kcal／6min]

材料（1人分）
キャベツ…1½枚
にんじん…⅛本
ミックスビーンズ（ドライパック）…20g
塩…適量
A【マヨネーズ・プレーンヨーグルト各大さじ1、砂糖小さじ½、塩・こしょう各少々】

作り方
1 キャベツはせん切りにして塩をふり、水にさらし、しっかり水けをきる。にんじんはスライサーでせん切りにする。
2 ボウルに1、ミックスビーンズ、Aを入れ、しっかり混ぜる。

★サブおかず
ミニトマトのしょうゆ和え

[19kcal／5min]

材料（1人分）
ミニトマト…3個
A【かつお節大さじ1、しょうゆ小さじ½、酢小さじ⅓】

作り方
1 ミニトマトは爪楊枝で穴を2カ所あける。
2 ボウルに1、Aを入れて和える。

男子&女子 塾弁当 ⑦ フレンチトースト弁当

スープジャーに入れた野菜スープで癒される!

Part 4 部活&塾弁レシピ / 塾弁当

塾弁栄養MEMO
シナモンの香りで疲れた脳をリフレッシュし、記憶力もアップできるやさしい甘さのフレンチトースト。おかずとスープで野菜をたっぷり摂れます。

調理時間 **25min** / 総エネルギー **598kcal**

★主食
フレンチトースト
[358kcal／10min]

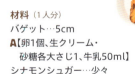

材料（1人分）
バゲット…5cm
A【卵1個、生クリーム・砂糖各大さじ1、牛乳50ml】
シナモンシュガー…少々

作り方
1. バゲットは3等分の輪切りにし、よく混ぜたAに浸す。
2. オーブントースターの天板にシリコーン樹脂加工のアルミホイル（P138参照）をしき、卵液をしっかりきった1をのせ、3〜5分焼く。
3. 2にシナモンシュガーをかける。

★サブおかず
ズッキーニといんげんとツナのコロコロサラダ
[197kcal／7min]

材料（1人分）
さやいんげん…3本
ズッキーニ…1/3本
セロリ…1/6本
ツナ缶…小1/2缶
マヨネーズ…大さじ1
プレーンヨーグルト…大さじ1
ハーブソルト…少々

作り方
1. いんげんはヘタを切り落として1cm幅に切り、ズッキーニは1cm角に切ってさっと塩ゆでする。セロリは1cm角に切る。ツナは油をきる。
2. ボウルに1、マヨネーズ、ヨーグルトを入れて混ぜ、ハーブソルトで味をととのえる。

★サブおかず
せん切り野菜のコンソメスープ
[43kcal／10min]

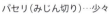

材料（作りやすい量／2人分）
にんじん…1/6個
キャベツ…1枚
セロリ…1/6本
スライスベーコン…1枚
コンソメスープの素（顆粒）…小さじ1/2
ローリエ…1枚
塩・こしょう…少々
パセリ（みじん切り）…少々

作り方
1. にんじん、キャベツ、セロリは細いせん切りにする。ベーコンは5mm幅に切る。
2. 鍋に1、コンソメスープの素、かぶるくらいの水、ローリエを入れて火にかけ、沸騰したら塩、こしょうで味をととのえる。仕上げにパセリをちらす。

163

Column

のっけ弁&麺弁バリエ

のっけるだけなら詰め方を悩まずパパッとできる！
どんぶり感覚でスピーディーに食べられるのもうれしい！ ときどきは麺を選んで変化球を。
麺も加え方次第でおしゃれ弁当に大変身！

 15 min 991 kcal

ハンバーグソースにはめんつゆとマーマレードを加えて

ロコモコ丼

材料（1人分）
- ごはん…300g
- ハンバーグだね（P33）…2個分
- ブロッコリー…大3房
- A【トマトケチャップ大さじ2、めんつゆ（3倍濃縮）大さじ½、マーマレード・水各大さじ1】
- サラダ油…小さじ½
- 目玉焼き…1個

作り方
1 ハンバーグだねをよくこね、平たい丸に成形する。ブロッコリーは食べやすい大きさに切り、塩ゆでして水けをしっかりきる。
2 フライパンにサラダ油を熱し、1を入れて片面に焼き色がつくまで焼き、ひっくり返し、ふたをしたら弱火にして5分ほど焼き、取り出す。
3 2の余分な油をペーパータオルで取り除き、Aを加えて煮詰める。
4 弁当箱にごはんを盛り、ハンバーグをのせ、3をかける。目玉焼きとブロッコリーを添える。
※目玉焼きは、フライパンにサラダ油を熱し卵を割り入れて、半熟状に焼いておく。

ごはんにのせて食べておいしいおかず～洋食編～

 ポークソテー ▶▶P62

 ハッシュポーク ▶▶P63

 牛肉のガーリックバター炒め ▶▶P64

 大豆のドライカレー ▶▶P81

調理時間 10 min / 総エネルギー 940 kcal

にんにくとりんごジャムを加えた韓国風牛肉の野菜炒め
彩り野菜のプルコギ丼

材料（1人分）
ごはん…300g
牛切り落とし肉…100g
パプリカ(赤・黄)…各⅙個
玉ねぎ…¼個
さやいんげん…3本
A【めんつゆ(3倍濃縮)大さじ1½、りんごジャム大さじ1、にんにく(すりおろし)小さじ½】
めんつゆ(3倍濃縮)…大さじ½
白炒りごま…適量
ごま油…小さじ1

作り方
1 牛肉は食べやすい大きさに切り、Aをもみ込む。パプリカはヘタと種を取り除き、1cm幅に切る。玉ねぎは1cm幅のくし形切りにする。いんげんはヘタを切り落とし、斜め薄切りにする。
2 フライパンにごま油を熱し、1の牛肉を入れて焼き色がつくように炒め、野菜、めんつゆを加え、水分を飛ばすように炒める。
3 弁当箱にごはんを盛り、2をのせ、白炒りごまをふる。

Memo
のっけ弁や麺弁にはスープをプラスしても

おかずが少なくなりがちなのっけ弁や麺弁には、野菜たっぷりのスープを合わせるのがおすすめです。栄養バランスもよくなり、スープジャーに入れて持っていけば、温かい状態で食べることができますよ。

ごはんにのせて食べておいしいおかず～韓国・中華編～

 酢鶏 ▶▶P59

 揚げかじきまぐろのピリ辛ソース ▶▶P72

 厚揚げ麻婆豆腐 ▶▶P80

 かに玉 ▶▶P83

なすも豚肉もゴロッと切ってしっかり味をなじませて

お肉ゴロッと麻婆なす丼

 調理時間 12 min

 総エネルギー 1108 kcal

材料（1人分）
- ごはん…300g
- 豚肩ロース肉（しゃぶしゃぶ用）…100g
- なす…1個
- ピーマン…1個
- 長ねぎ（みじん切り）…大さじ1
- 片栗粉…小さじ1
- 塩・こしょう…各少々
- A【甜麺醤・めんつゆ（3倍濃縮）各大さじ1、豆板醤・片栗粉各小さじ1】
- 白炒りごま…小さじ½
- サラダ油…大さじ2

作り方
1. なすはヘタを切り落として乱切りにし、片栗粉小さじ½をまぶす。ピーマンはヘタと種を取り除き、乱切りにする。豚肉は食べやすい大きさに切り、塩、こしょうをふり、片栗粉小さじ½をまぶす。
2. フライパンにサラダ油を入れて熱し、なすを炒め揚げにする。ペーパータオルで油を取り除き、豚肉、Aを加えてしっかり炒め、ピーマン、長ねぎを加えて炒め絡める。
3. 弁当箱にごはんを盛り、白炒りごまをふり、2をのせる。

調理時間 10 min / 総エネルギー 903 kcal

甘辛ダレがごはんによく合う、タイ風鶏炒め！

コロコロガパオ丼

材料（1人分）
- ごはん…300g
- 鶏もも肉…½枚
- パプリカ（赤・黄）…各⅙個
- 玉ねぎ…¼個
- A【めんつゆ（3倍濃縮）・スイートチリソース・水各大さじ1】
- サラダ油…小さじ1

作り方
1. 鶏肉は皮と余分な脂を取り除き、1.5cm角に切る。ヘタと種を取り除いたパプリカ、玉ねぎは1cm角に切る。
2. フライパンにサラダ油を熱し、1の鶏肉を入れて炒め、色が変わったら野菜を加え、Aを加えて水分を飛ばすように炒める。
3. 弁当箱にごはんを盛り、2をのせる。

鶏肉に片栗粉と下味をもみ込めば、
縮まずプリプリ食感に

プリプリお肉の親子丼

材料（1人分）
ごはん…300g
鶏もも肉…1/2枚
玉ねぎ…1/2個
さやいんげん…2本
卵…2個
めんつゆ（3倍濃縮）
　…大さじ1
A【めんつゆ（3倍濃縮）・片栗粉各大さじ1/2、溶き卵大さじ1】
サラダ油…小さじ1
水…適量

作り方
1 鶏肉はひと口大に切り、ペーパータオルで包んで余分な脂と、水けを取り除き、Aをよくもみ込む。玉ねぎは1cm幅のくし切りにする。いんげんはヘタを切り落として長めの薄い斜め切りにする。卵は溶く。
2 フライパンにサラダ油を熱し、鶏肉を入れて両面焼きつけ、玉ねぎ、めんつゆ、ひたひたの水を加えて3分ほど煮る。いんげんと溶き卵を加え、卵にしっかり火が通るまで煮る。
3 弁当箱にごはんを盛り、2をのせる。

調理時間 15min / 総エネルギー 1075kcal

市販の焼きそば麺が
ナンプラーでアジア風に大変身！

塩焼きそば

材料（1人分）
焼きそば麺…1袋
豚肩ロース薄切り肉…100g
パプリカ（黄）…1/6個
玉ねぎ…1/4個
もやし…1/6袋
万能ねぎ（小口切り）…2本分
A【ナンプラー・めんつゆ（3倍濃縮）・スイートチリソース各大さじ1/2】
塩・こしょう…各少々
サラダ油…小さじ1/2

作り方
1 パプリカはヘタと種を取り除き細めの乱切りにし、玉ねぎは1cm幅のくし形切りにする。豚肉は食べやすい大きさに切る。
2 フライパンにサラダ油を熱し、1の豚肉を入れて炒め、色が変わったらパプリカ、玉ねぎ、もやしを加える。しんなりしたら水でほぐした麺、Aを加え、野菜と麺を絡めるように炒め、塩、こしょうで味をととのえる。仕上げに万能ねぎをちらす。

調理時間 10min / 総エネルギー 684kcal

食べやすさが魅力のペンネ。
具材は大きめにカット

ゴロゴロミートなすのペンネ

材料（1人分）
ペンネ…50g
A【合いびき肉100g、なす（1cm角）½個分、玉ねぎ（粗みじん切り）⅛個分、セロリ（粗みじん切り）⅛本分、トマトケチャップ大さじ4、めんつゆ（3倍濃縮）大さじ1、コンソメスープの素（顆粒）小さじ½】
パセリ（みじん切り）…少々
塩・こしょう…各少々

作り方
1 ペンネは袋の表示通りにゆでる。
2 Aを耐熱ボウルに入れてよく混ぜ、ふんわりとラップをして電子レンジで5分加熱し、一度取り出してさらに混ぜ、1を加えてラップをせずに3分加熱する。
3 塩、こしょうで味をととのえ、パセリをちらす。

調理時間 15 min ／ 総エネルギー 559 kcal

マヨネーズ入りの
炒り卵をのせてボリュームアップ

豚キムチ焼きうどん

調理時間 10 min ／ 総エネルギー 801 kcal

材料（1人分）
ゆでうどん…1玉
豚肩ロース薄切り肉…100g
長ねぎ…⅓本
白菜キムチ…100g
ピーマン…½個
めんつゆ（3倍濃縮）…小さじ1
みそ…小さじ½
A【卵1個、マヨネーズ大さじ1、はちみつ小さじ½】
サラダ油…小さじ½
ごま油…大さじ½
一味唐辛子…適宜

作り方
1 長ねぎは1cm幅の斜め切りにし、キムチ、豚肉、ヘタと種を取り除いたピーマンは食べやすい大きさに切る。
2 Aはよく混ぜ、サラダ油を熱したフライパンで大きめの炒り卵を作る。
3 フライパンにごま油を熱し、1を入れて炒め、水でほぐしたうどんを加えてさらに炒める。めんつゆで溶いたみそを加え、うっすら焦げ目がつくまで炒める。
4 弁当箱に3を盛り、2の炒り卵をのせ、お好みで一味唐辛子をふる。

Index
おかずさくいん

＊肉類・肉加工品＊

◆鶏肉
タレから …………………………………27
ハーブローストチキン＆
　ローストポテト ………………………39
鶏もも肉の韓国風から揚げ ……………43
鶏もも肉のバターしょうゆめ …………55、58
韓国風手羽から ………………………57、58
から揚げ …………………………………58
チキン南蛮 ………………………………59
チキンのトマト煮 ………………………59、100
酢鶏 ……………………………………59、99
鶏天 ………………………………………60
中華風鶏照り焼き ………………………60
鶏もも肉の山賊焼き ……………………60
ゆずポンから揚げ ………………………61
チキンごぼうロール ……………………61
チキンクリームソテー …………………61
ハニーマスタードチキン ………………68
棒棒鶏 ……………………………………70
鶏肉と枝豆のガーリックしょうゆ炒め風 …89
海南チキンライス風 ……………………90、102
ゴロッと鶏飯 ……………………………91
赤パプリカと鶏肉のエスニック炒め風 …108
鶏むね肉のハム …………………………145
ささみロール ……………………………149
鶏ささみのピカタ ………………………152
野菜たっぷり鶏飯 ………………………153
鶏ささみの照り焼き ……………………157
鶏ささみのしょうゆ漬け ………………159
コロコロガパオ丼 ………………………166
プリプリお肉の親子丼 …………………167

◆豚肉
豚カツ ……………………………………29
豚のしょうが焼き ………………………31
豚肉とピーマンのオイスターソース炒め …35
肉巻きおにぎり …………………………50
ポークソテー ……………………………53、62
ロールカツ ………………………………54、62
ほうれん草と豚バラのからし炒め ……56、118
豚肉の竜田揚げ …………………………62
トンマヨステーキ ………………………63
豚肉のチーズロール ……………………63、101
ハッシュポーク …………………………63
ガリバタ豚じゃが ………………………70
さつまいもと豚肉の重ね蒸し …………70

エスニックチャーシュー風 ……………71
うずらの肉巻きフライ …………………83
豆腐の豚巻き中華ソース ………………88
大根と豚バラの炊き込みごはん ………91
黄パプリカと豚バラのガーリック炒め風 …115
いんげんと豚バラのオイスターソース炒め風 …121
きくらげと豚肉のみそ炒め風 …………126
里いもと豚バラの中華炒め風 …………127
れんこんの豚肉蒸し ……………………132
ポークチャップ …………………………146
豚ヒレ肉のカレーステーキ ……………147
豚肉のミニトマト巻き …………………151
エスニックサラダ ………………………160
野菜たっぷりふわふわしょうが焼き …162
お肉ゴロッと麻婆なす丼 ………………166
塩焼きそば ………………………………167
豚キムチ焼きうどん ……………………168

◆牛肉
キンパ ……………………………………50
牛肉と赤パプリカのオイスターソース炒め …52、65
牛肉とえのきのすき焼き風 ……………64
牛肉のガーリックバター炒め …………64
牛肉と糸こんにゃくのチャプチェ ……64、102
牛肉とセロリのエスニックサラダ ……65
牛肉のにんにくみそ漬け ………………65
青椒肉絲 …………………………………119
ごぼうと牛肉のきんぴら ………………124
ステーキガーリック炒飯 ………………143
彩り野菜のプルコギ丼 …………………165

◆ひき肉
照り焼き和風ハンバーグ ………………33
カラフルベーコンバーグ ………………47
じゃがいもの牛そぼろ煮 ………………54、122
鶏つくね …………………………………56、66
メンチカツ ………………………………66
揚げ焼き春巻き …………………………66
カラフル肉しゅうまい …………………67
甘酢の肉団子 ……………………………67
れんこんつくね …………………………67
ピーマンの肉詰め ………………………71
サルシッチャ風ソーセージ ……………71
大豆つくね ………………………………80
厚揚げ麻婆豆腐 …………………………80
大豆のドライカレー ……………………81、98
豆腐の肉みそステーキ …………………81
スコッチ親子エッグ ……………………82
そぼろ巻き卵焼き ………………………85
ポークビーンズ …………………………87

ミックスビーンズ団子 …………………88
豆腐ハンバーグ …………………………89
鶏そぼろと高菜ごはん …………………92
なすの肉みそ挟み焼き …………………123
しいたけの鶏そぼろ ……………………125
ごぼうのドライカレー …………………127
白菜とそぼろあんかけ …………………129
かぶのひき肉詰め ………………………132
炊き込み炒飯 ……………………………144
ゴロゴロミートなすのペンネ …………168

◆ハム・ベーコン・ウインナー・スパム・
　チャーシュー
春雨サラダ ………………………………31
じゃがいもとベーコンの粉ふきいも ……33
マカロニサラダ …………………………41
カラフルベーコンバーグ ………………47
トマ玉おにぎり …………………………49
ベーコンおにぎり ………………………49
いんげんと生ハムの春巻き ……………53、116
赤パプリカとベーコンの
　オイスターソース炒め ………………53、104
ポテトサラダ ……………………………53、128
ブロッコリーとベーコンの
　ガーリック炒め ………………………54、117
赤パプリカとハムの中華風和え物 ……55、105
かぼちゃのコロッケ ……………………56、110
ハムロールのチーズ焼き ………………68
ウインナーのカレーマヨ焼き …………69
ベーコンとズッキーニのくるくる巻き …69
スパムのBBQ焼き ……………………69
厚揚げのガーリックベーコン巻き ……80
じゃがいもとベーコンの
　スペイン風オムレツ …………………83
ハムチーズ卵焼き ………………………84
厚揚げとスパムのオイスターソース炒め風 …87
カレーピラフ ……………………………91
フレンチトーストサンド ………………94
バインミー ………………………………94、103
クラブサンド ……………………………96
にんじんとウインナーの
　スパイシー炒め風 ……………………109
じゃがいものカレーベーコン巻き ……114
バターコーン ……………………………114
アスパラと生ハムのフリット …………119
アスパラとベーコンのカレーロースト …120
なすのピリ辛ケチャップ炒め …………123
玉ねぎとベーコンのフライ ……………129
れんこんの揚げ浸し ……………………130
大根とベーコンの温サラダ ……………133

169

焼きコロッケ ……………………… 133
ほうれん草とベーコンのソテー …… 143
ハムとパセリのバターライス ……… 146
ささみロール ……………………… 149
ズッキーニとウインナーのトマト炒め…152
クロックムッシュ ………………… 158
ミネストローネ …………………… 158
せん切り野菜のコンソメスープ …… 163

＊魚介類・貝類・海草類・魚加工品＊

◆あさり
炊き込みあさりのピラフ ………… 90

◆あじ
ひと口あじフライ ………………… 72
あじのごまから揚げ ……………… 74

◆いか
いかのすり身焼き ………………… 74
いかのトマト煮 …………………… 74
いかのマヨカレー焼き …………… 77

◆うなぎの蒲焼き
うなきゅうごはん ………………… 92

◆えび・桜えび
玉ねぎと桜えびのチヂミ ………… 43
えびのすり身揚げ ………………… 45
生春巻きサラダ …………………… 45
えびとコーンのかき揚げ ………… 47
カラフル肉しゅうまい …………… 67
えびのハーブフリット …………… 72
えびチリ …………………………… 73
スパイシーシュリンプ …………… 77
ねぎ塩シュリンプ ………………… 78
桜えびとしょうがの卵焼き ……… 84
ミニトマトと小えびのマリネ …… 107
小松菜と桜えびのナムル ………… 120
大根もち …………………………… 130
玉ねぎと桜えびのナムル ………… 132
えびとミニトマトのマリネ ……… 143
えびピラフ ………………………… 152
枝豆と桜えびのおにぎり ………… 160

◆かじきまぐろ
揚げかじきまぐろのピリ辛ソース…72
かじきまぐろの香草パン粉焼き … 76
かじきまぐろのBBQ ……………… 153

◆かに風味かまぼこ
かに玉 ……………………………… 83
かにかまの卵焼き ………………… 85
白菜の中華サラダ ………………… 128

◆鮭・サーモン
野菜たっぷりサーモンの南蛮漬け … 41
焼き鮭おにぎり …………………… 48
サーモンのマヨ炒め ………… 75、103
サーモンのみそ漬け ……………… 75
おいしい塩鮭 ……………………… 76
サーモンのマヨハーブ焼き ……… 78
鮭と三つ葉の混ぜごはん ………… 93
黄パプリカと
　スモークサーモンのマリネ …… 111
ゴロッと鮭のおにぎり …………… 145
サーモンのごまマヨ焼き ………… 150
玉ねぎとスモークサーモンのマリネ … 161

◆さんま
さんまの蒲焼き …………………… 73
さんま巻き ………………………… 144

◆塩昆布
ピーマンともやしの塩昆布サラダ … 118

◆白身魚
白身魚のズッキーニ巻き ………… 79
白身魚の野菜あんかけ …………… 79

◆たい
白身魚のチーズマヨフライ ……… 73

◆たらこ
焼きたらこおにぎり ……………… 48
たらこと青じその混ぜごはん …… 92
たらもサラダ ……………………… 133

◆ちくわ
ピーマンとキャベツのちくわ炒め … 29
ちくわ天むす ……………………… 50
にんじんのしりしり ……………… 109
ピーマンとちくわの和え物 ……… 121

◆ちりめんじゃこ
梅干しとじゃこの炊き込みごはん … 90
かぶとじゃこの混ぜごはん ……… 93
にんじんとじゃこの甘辛煮 ……… 104
ミニトマトとじゃこのチヂミ …… 109
ほうれん草とじゃこのお浸し …… 119

れんこんとじゃこのきんぴら …… 130
ピーマンと赤パプリカのじゃこ炒め… 144
しそじゃこの玄米おにぎり ……… 157
じゃこそうめん …………………… 159

◆ツナ
にんじんとツナのしりしり ……… 33
ツナマヨおにぎり ………………… 48
ブロッコリーとツナのサラダ … 52、117
ツナとコーンのチーズ焼き ……… 77
厚揚げとツナのスパイス焼き …… 86
厚揚げの洋風田楽 ………………… 86
ツナと薬味の混ぜごはん ………… 93
ミニトマトとツナのごまマヨ和え … 108
コーンとポテトとツナのサラダ … 113
まいたけとツナのケチャップ炒め … 125
しいたけのツナマヨ焼き ………… 126
ツナちらし寿司 …………………… 147
ツナマヨ厚焼き卵 ………………… 151
ズッキーニといんげんとツナの
　コロコロサラダ ………………… 163

◆はんぺん
えびのすり身揚げ ………………… 45
いかのすり身焼き ………………… 74
はんぺんのチーズ挟み焼き ……… 78
枝豆のつみれ ……………………… 88

◆ぶり
ぶりの竜田揚げ …………………… 35
ぶりのさっぱり照り焼き ………… 75
ぶりのピリ辛しょうがみそ煮 …… 79

◆焼きのり・青のり
青のりの卵焼き …………………… 35
焼き鮭おにぎり …………………… 48
焼きたらこおにぎり ……………… 48
ツナマヨおにぎり ………………… 48
カリカリかつお梅おにぎり ……… 49
ちくわ天むす ……………………… 50
キンパ ……………………………… 50
鶏天 ………………………………… 60
大豆つくね ………………………… 80
ゴロッと鮭のおにぎり …………… 145
鶏ささみの照り焼き ……………… 157

＊野菜＊

◆青じそ
生春巻きサラダ …………………… 45

肉巻きおにぎり ……… 50
梅干しとじゃこの炊き込みごはん ……… 90
たらこと青じその混ぜごはん ……… 92
ロールパンのプルコギサンド ……… 95
フィレオフィッシュ ……… 96
れんこんとじゃこのきんぴら ……… 130
しそじゃこの玄米おにぎり ……… 157
じゃこそうめん ……… 159
大根のせん切り薬味サラダ ……… 159

◆枝豆
カラフル肉しゅうまい ……… 67
枝豆のつみれ ……… 88
鶏肉と枝豆のガーリックしょうゆ炒め風 ……… 89
枝豆と桜えびのおにぎり ……… 160

◆かぶ
かぶとじゃこの混ぜごはん ……… 93
かぶとレモンの浅漬け ……… 99、128
かぶのひき肉詰め ……… 132

◆かぼちゃ
かぼちゃのコロッケ ……… 56、110
かぼちゃのごまマヨサラダ ……… 98、110
かぼちゃの揚げ浸し ……… 112
かぼちゃグラタン ……… 113
かぼちゃのハーブロースト ……… 115
ロースト野菜 ……… 146

◆カリフラワー
カリフラワーとパセリのフリット ……… 131
カリフラワーとチーズのピクルス ……… 131

◆キャベツ・紫キャベツ
だしパプリカキャベツ ……… 27
ピーマンとキャベツのちくわ炒め ……… 29
紫キャベツとレーズンのマリネ ……… 47
メンチカツ ……… 66
ロールパンのプルコギサンド ……… 95
フィレオフィッシュ ……… 96
紫キャベツとりんごのピクルス ……… 101、106
紫キャベツとレモンのコールスロー ……… 106
キャベツのコールスロー ……… 129
ミックスビーンズのコールスロー ……… 162
せん切り野菜のコンソメスープ ……… 163

◆きゅうり
春雨サラダ ……… 31
マカロニサラダ ……… 41
ポテトサラダ ……… 53、128
棒棒鶏 ……… 70

うなきゅうごはん ……… 92
照り焼きチキンサンド ……… 95
クラブサンド ……… 96
白菜の中華サラダ ……… 128
ツナちらし寿司 ……… 147
彩り野菜のディップサラダ ……… 151
きゅうりの塩レモン漬け ……… 157

◆グリーンアスパラガス
ロールカツ ……… 54、62
アスパラのエスニック煮浸し ……… 55、116
ハムロールのチーズ焼き ……… 68
ウインナーのカレーマヨ焼き ……… 69
アスパラのごま和え ……… 101、116
アスパラと生ハムのフリット ……… 119
アスパラとベーコンのカレーロースト ……… 120
アスパラのチーズ焼き ……… 149

◆コーン・とうもろこし
えびとコーンのかき揚げ ……… 47
ベーコンおにぎり ……… 49
鶏もも肉のバターしょうゆ炒め ……… 55、58
ツナとコーンのチーズ焼き ……… 77
厚揚げの洋風田楽 ……… 86
とうもろこしと玉ねぎのフリット ……… 112
コーンとポテトとツナのサラダ ……… 113
バターコーン ……… 114
屋台の焼きとうもろこし ……… 115
キャベツのコールスロー ……… 129

◆ごぼう
チキンごぼうロール ……… 61
ごぼうと牛肉のきんぴら ……… 124
ごぼうとエリンギの揚げ浸し ……… 124
ごぼうのドライカレー ……… 127

◆小松菜
小松菜のガーリックしょうゆ炒め ……… 57、117
小松菜と桜えびのナムル ……… 120
ゴロッと鮭のおにぎり ……… 145
彩り野菜のナムル ……… 147

◆さやいんげん
いんげんと生ハムの春巻き ……… 53、116
豚肉のチーズロール ……… 63、101
エスニックチャーシュー風 ……… 71
大豆のドライカレー ……… 81、98
かに玉 ……… 83
野菜たっぷりレンチン卵焼き ……… 89
豆腐ハンバーグ ……… 89

カレーピラフ ……… 91
いんげんとピーナッツの炒め物 ……… 103、118
いんげんと豚バラのオイスターソース炒め風 ……… 121
さんま巻き ……… 144
ロースト野菜 ……… 146
ささみロール ……… 149
野菜たっぷり鶏飯 ……… 153
野菜の炊き合わせ ……… 153
ミネストローネ ……… 158
ズッキーニといんげんとツナの
　コロコロサラダ ……… 163
彩り野菜のプルコギ丼 ……… 165
プリプリお肉の親子丼 ……… 167

◆しし唐辛子
中華風鶏照り焼き ……… 60

◆春菊
3色ナムル ……… 43
春菊とにんじんのごまよごし ……… 150

◆ズッキーニ
ベーコンとズッキーニの
　くるくる巻き ……… 69
白身魚のズッキーニ巻き ……… 79
ズッキーニのピザ ……… 121
ズッキーニとウインナーのトマト炒め ……… 152
ズッキーニといんげんとツナの
　コロコロサラダ ……… 163

◆セロリ
マカロニサラダ ……… 41
ブロッコリーとツナのサラダ ……… 52、117
牛肉とセロリのエスニックサラダ ……… 65
サルシッチャ風ソーセージ ……… 71
炊き込みあさりのピラフ ……… 90
カレーピラフ ……… 91
ツナと薬味の混ぜごはん ……… 93
コーンとポテトとツナのサラダ ……… 113
キャベツのコールスロー ……… 129
えびとミニトマトのマリネ ……… 143
彩り野菜のディップサラダ ……… 151
えびピラフ ……… 152
ミネストローネ ……… 158
ズッキーニといんげんとツナの
　コロコロサラダ ……… 163
せん切り野菜のコンソメスープ ……… 163
ゴロゴロミートなすのペンネ ……… 168

171

◆大根・ラディッシュ

エスニックなます ·················45
大根と豚バラの炊き込みごはん ·······91
ラディッシュとうずらのピクルス ·····98、106
ラディッシュの甘酢漬け ········102、107
大根もち ······················130
大根とベーコンの温サラダ ··········133
大根のせん切り薬味サラダ ··········159
エスニックサラダ ················160

◆玉ねぎ

春雨サラダ ·····················31
照り焼き和風ハンバーグ ············33
野菜たっぷりサーモンの南蛮漬け ······41
玉ねぎと桜えびのチヂミ ············43
ポテトサラダ ··············53、128
かぼちゃのコロッケ ··········56、110
チキンのトマト煮 ···········59、100
酢鶏 ·····················59、99
ハッシュポーク ··················63
メンチカツ ·····················66
カラフル肉しゅうまい ··············67
甘酢の肉団子 ···················67
スパムのBBQ焼き ···············69
いかのトマト煮 ··················74
大豆のドライカレー ··········81、98
スコッチ親子エッグ ···············82
野菜たっぷりレンチン卵焼き ·········89
炊き込みあさりのピラフ ············90
カレーピラフ ···················91
かぼちゃのごまマヨサラダ ······98、110
紫キャベツとレモンのコールスロー ·····106
赤パプリカと鶏肉のエスニック炒め風 ···108
黄パプリカと
　　スモークサーモンのマリネ ·······111
とうもろこしと玉ねぎのフリット ······112
小松菜と桜えびのナムル ············120
玉ねぎとベーコンのフライ ··········129
玉ねぎと桜えびのナムル ············132
ステーキガーリック炒飯 ············143
えびピラフ ····················152
ミネストローネ ·················158
玉ねぎとスモークサーモンのマリネ ····161
野菜たっぷりふわふわしょうが焼き ····162
彩り野菜のプルコギ丼 ·············165
コロコロガパオ丼 ················166
プリプリお肉の親子丼 ·············167
塩焼きそば ····················167
ゴロゴロミートなすのペンネ ·········168

◆ミニトマト

ミニトマトと小えびのマリネ ·········107
ミニトマトとツナのごまマヨ和え ······108
ミニトマトとじゃこのチヂミ ·········109
えびとミニトマトのマリネ ··········143
ミニトマトのマリネ ··············149
豚肉のミニトマト巻き ·············151
ミニトマトのカプレーゼ ············158
ミニトマトのしょうゆ和え ··········162

◆なす

なすの肉みそ挟み焼き ·············123
なすのピリ辛ケチャップ炒め ·········123
なすのしょうが焼き炒め ············125
なすのチーズ焼き ················127
お肉ゴロッと麻婆なす丼 ············166
ゴロゴロミートなすのペンネ ·········168

◆長ねぎ・万能ねぎ

えびのすり身揚げ ················45
ツナマヨおにぎり ················48
じゃがいもの牛そぼろ煮 ·······54、122
赤パプリカとハムの中華風和え物 ···55、105
鶏つくね ·················56、66
牛肉とえのきのすき焼き風 ···········64
れんこんつくね ··················67
えびチリ ······················73
いかのすり身焼き ················74
ねぎ塩シュリンプ ················78
大豆つくね ····················80
豆腐の肉みそステーキ ·············81
卵ときくらげの炒め物 ·············82
厚揚げとツナのスパイス焼き ·········86
海南チキンライス風 ··········90、102
ゴロッと鶏飯 ···················91
大根と豚バラの炊き込みごはん ·······91
ツナと薬味の混ぜごはん ············93
ミニトマトとじゃこのチヂミ ·········109
しめじのナムル ·················126
ごぼうのドライカレー ·············127
大根もち ·····················130
炊き込み炒飯 ··················144
じゃこそうめん ·················159
大根のせん切り薬味サラダ ··········159
お肉ゴロッと麻婆なす丼 ············166
塩焼きそば ····················167
豚キムチ焼きうどん ··············168

◆にんじん

にんじんとツナのしりしり ···········33

3色ナムル ····················43
エスニックなます ················45
ポテトサラダ ··············53、128
にんじんとさつまいものかき揚げ ··54、104
鶏つくね ·················56、66
酢鶏 ·····················59、99
豚肉のチーズロール ··········63、101
牛肉と糸こんにゃくのチャプチェ ··64、102
れんこんつくね ··················67
大豆のドライカレー ··········81、98
野菜たっぷりレンチン卵焼き ·········89
豆腐ハンバーグ ··················89
炊き込みあさりのピラフ ············90
ゴロッと鶏飯 ···················91
キャロットラペ ············100、105
にんじんとじゃこの甘辛煮 ··········104
にんじんのさっぱりグラッセ ·········105
にんじんとナッツのサラダ ··········107
にんじんとウインナーの
　　スパイシー炒め風 ············109
にんじんのしりしり ··············109
黄パプリカとにんじんのピクルス ·····111
炊き込み炒飯 ··················144
ロースト野菜 ··················146
彩り野菜のナムル ················147
春菊とにんじんのごまよごし ········150
えびピラフ ····················152
野菜たっぷり鶏飯 ···············153
野菜の炊き合わせ ···············153
ミネストローネ ·················158
大根のせん切り薬味サラダ ··········159
エスニックサラダ ················160
ミックスビーンズのコールスロー ·····162
せん切り野菜のコンソメスープ ·······163

◆白菜

白菜の中華サラダ ···············128
白菜とそぼろあんかけ ·············129

◆パクチー

バインミー ····················94

◆パプリカ・ピーマン

だしパプリカキャベツ ·············27
ピーマンとキャベツのちくわ炒め ·····29
豚肉とピーマンのオイスターソース炒め ··35
野菜たっぷりサーモンの南蛮漬け ·····41
キンパ ·······················50
牛肉と赤パプリカのオイスターソース炒め
　　····················52、65

172

赤パプリカとベーコンの
　オイスターソース炒め ……………53、104
ロールカツ …………………………54、62
赤パプリカとハムの中華風和え物 …55、105
酢鶏 …………………………………59、99
牛肉と糸こんにゃくのチャプチェ …64、102
揚げ焼き春巻き ……………………………66
ピーマンの肉詰め …………………………71
厚揚げ麻婆豆腐 ……………………………80
赤パプリカと鶏肉のエスニック炒め風 …108
赤パプリカともやしのナムル ……………108
黄パプリカとにんじんのピクルス ………111
黄パプリカと
　スモークサーモンのマリネ ……………111
黄パプリカと豚バラのガーリック炒め風 …115
ピーマンともやしの塩昆布サラダ ………118
青椒肉絲 …………………………………119
ピーマンとちくわの和え物 ………………121
炊き込み炒飯 ……………………………144
ピーマンと赤パプリカのじゃこ炒め ……144
彩り野菜のナムル ………………………147
ささみロール ……………………………149
彩り野菜のディップサラダ ………………151
彩り野菜のプルコギ丼 …………………165
お肉ゴロッと麻婆なす丼 …………………166
コロコロガパオ丼 ………………………166
塩焼きそば ………………………………167
豚キムチ焼きうどん ……………………168

◆パセリ
じゃがいもとベーコンの粉ふきいも ………33
エッグビーンズサラダ ……………………39
えびとコーンのかき揚げ …………………47
カリフラワーとパセリのフリット ………131
たらもサラダ ……………………………133
ハムとパセリのバターライス ……………146
ツナマヨ厚焼き卵 ………………………151
ゴロゴロミートなすのペンネ ……………168

◆ブロッコリー
ブロッコリーのお浸し ……………………31
ブロッコリーとツナのサラダ ……52、117
ブロッコリーとベーコンの
　ガーリック炒め ………………54、117
ブロッコリーとカマンベールの
　ハーブロースト ………………………120
ステーキガーリック炒飯 ………………143
ブロッコリーエッグサラダ ………………145
ミネストローネ …………………………158
ブロッコリーとゆで卵のサラダ …………161

ロコモコ丼 ………………………………164

◆ほうれん草
ほうれん草の卵焼き ………………………27
ほうれん草と豚バラのからし炒め …56、118
ほうれん草とじゃこのお浸し ……………119
ほうれん草とベーコンのソテー …………143

◆三つ葉
三つ葉の卵焼き ……………………………85
鮭と三つ葉の混ぜごはん …………………93

◆ミックスベジタブル
カラフルベーコンバーグ …………………47
トマ玉おにぎり ……………………………49
ピーマンの肉詰め …………………………71
白身魚の野菜あんかけ ……………………79
チーズオムレツ ……………………………87

◆みょうが
うなきゅうごはん …………………………92

◆もやし
3色ナムル …………………………………43
赤パプリカともやしのナムル ……………108
ピーマンともやしの塩昆布サラダ ………118
彩り野菜のナムル ………………………147
塩焼きそば ………………………………167

◆サニーレタス・サラダ菜・
　グリーンリーフ
生春巻きサラダ ……………………………45
キンパ ………………………………………50
バインミー ………………………94、103
ハンバーガー ………………………………94
照り焼きチキンサンド ……………………95
クラブサンド ………………………………96

◆れんこん
れんこんつくね ……………………………67
れんこんとじゃこのきんぴら ……………130
れんこんの揚げ浸し ……………………130
れんこんの豚肉蒸し ……………………132

＊きのこ類＊
◆えのきだけ
牛肉とえのきのすき焼き風 ………………64

◆エリンギ
ごぼうとエリンギの揚げ浸し ……………124

◆きくらげ
牛肉と糸こんにゃくのチャプチェ …64、102
卵ときくらげの炒め物 ……………………82
かに玉 ………………………………………83
ゴロッと鶏飯 ………………………………91
きくらげと豚肉のみそ炒め風 ……………126
彩り野菜のナムル ………………………147

◆きのこ
きのこのアラビアータ …………100、122

◆しいたけ
豆腐ハンバーグ ……………………………89
大根と豚バラの炊き込みごはん …………91
しいたけの鶏そぼろ ……………………125
しいたけのツナマヨ焼き …………………126
野菜の炊き合わせ ………………………153

◆しめじ
チキンクリームソテー ……………………61
しめじのナムル …………………………126
野菜たっぷり鶏飯 ………………………153

◆マッシュルーム
ハッシュポーク ……………………………63

◆まいたけ
まいたけとツナのケチャップ炒め ………125

＊いも類＊
◆さつまいも
メープル大学いも …………………52、110
にんじんとさつまいものかき揚げ …54、104
さつまいもと豚肉の重ね蒸し ……………70
さつまいもとレーズンのレモン煮 …99、111
スイートポテト …………………………112
スイートポテトフライ …………………113
さつまいもとりんごのきんとん …………114
さつまいものバターソテー ………………150

◆里いも
里いものごま塩和え ……………………123
里いもと豚バラの中華炒め風 …………127

173

◆じゃがいも・マッシュポテト

じゃがいもとベーコンの粉ふきいも ……33
ハーブローストチキン＆
　ローストポテト ……39
ポテトサラダ ……53、128
じゃがいもの牛そぼろ煮 ……54、122
いもバターもち ……57、122
ガリバタ豚じゃが ……70
じゃがいもとベーコンの
　スペイン風オムレツ ……83
コーンとポテトとツナのサラダ ……113
じゃがいものカレーベーコン巻き ……114
青椒肉絲 ……119
皮つきフライドポテト ……124
フレンチフライドポテト ……131
たらもサラダ ……133
焼きコロッケ ……133
ミネストローネ ……158

＊卵類＊

ほうれん草の卵焼き ……27
味玉 ……29
春雨サラダ ……31
青のりの卵焼き ……35
エッグビーンズサラダ ……39
マカロニサラダ ……41
洋風だし巻き卵 ……41
トマ玉おにぎり ……49
スコッチ親子エッグ ……82
卵ときくらげの炒め物 ……82
薫り煮卵 ……82
じゃがいもとベーコンの
　スペイン風オムレツ ……83
かに玉 ……83
うずらの肉巻きフライ ……83
厚焼き卵 ……84
桜えびとしょうがの卵焼き ……84
ハムチーズ卵焼き ……84
そぼろ巻き卵焼き ……85
三つ葉の卵焼き ……85
かにかまの卵焼き ……85
チーズオムレツ ……87
野菜たっぷりレンチン卵焼き ……89
ボリューム厚焼き卵のサンド ……95
クラブサンド ……96
ラディッシュとうずらのピクルス ……98、106
にんじんのしりしり ……109
ブロッコリーエッグサラダ ……145
サーモンのごまマヨ焼き ……150

ツナマヨ厚焼き卵 ……151
鶏ささみのピカタ ……152
バナナのパンケーキ ……161
ブロッコリーとゆで卵のサラダ ……161
フレンチトースト ……163
ロコモコ丼 ……164
プリプリお肉の親子丼 ……167
豚キムチ焼きうどん ……168

＊こんにゃく＊

牛肉と糸こんにゃくのチャプチェ ……64、102

＊乳製品＊

◆牛乳

洋風だし巻き卵 ……41
ハムチーズ卵焼き ……84
たらもサラダ ……133
焼きコロッケ ……133
バナナのパンケーキ ……161
フレンチトースト ……163

◆チーズ

豚肉のチーズロール ……63、101
ハムロールのチーズ焼き ……68
白身魚のチーズマヨフライ ……73
ツナとコーンのチーズ焼き ……77
はんぺんのチーズ挟み焼き ……78
ハムチーズ卵焼き ……84
厚揚げの洋風田楽 ……86
チーズオムレツ ……87
フレンチトーストサンド ……94
ハンバーガー ……94
ブロッコリーとカマンベールの
　ハーブロースト ……120
ズッキーニのピザ ……121
なすのチーズ焼き ……127
カリフラワーとチーズのピクルス ……131
アスパラのチーズ焼き ……149
彩り野菜のディップサラダ ……151
クロックムッシュ ……158
ミニトマトのカプレーゼ ……158

◆生クリーム

チキンクリームソテー ……61
ツナとコーンのチーズ焼き ……77
ボリューム厚焼き卵のサンド ……95
かぼちゃグラタン ……113
フレンチトースト ……163

◆ホワイトソース

クロックムッシュ ……158

◆ヨーグルト

マカロニサラダ ……41
ポテトサラダ ……53、128
キャベツのコールスロー ……129
ブロッコリーエッグサラダ ……145
バナナのパンケーキ ……161
ブロッコリーとゆで卵のサラダ ……161
ミックスビーンズのコールスロー ……162
ズッキーニといんげんとツナの
　コロコロサラダ ……163

＊豆類・大豆加工品＊

◆大豆

大豆つくね ……80
大豆のドライカレー ……81、98

◆ひよこ豆

ブロッコリーとツナのサラダ ……52、117

◆ミックスビーンズ

エッグビーンズサラダ ……39
ポークビーンズ ……87
ミックスビーンズ団子 ……88
ミックスビーンズのコールスロー ……162

◆油揚げ・厚揚げ

厚揚げのガーリックベーコン巻き ……80
厚揚げ麻婆豆腐 ……80
厚揚げの土佐煮 ……81
厚揚げとツナのスパイス焼き ……86
厚揚げの洋風田楽 ……86
厚揚げとスパムのオイスターソース炒め風 ……87
ゴロッと鶏飯 ……91

◆豆腐

豆腐の肉みそステーキ ……81
豆腐の豚巻き中華ソース ……88
豆腐ハンバーグ ……89

◆春雨

春雨サラダ ……31
生春巻きサラダ ……45
揚げ焼き春巻き ……66
白菜の中華サラダ ……128
エスニックサラダ ……160

＊果実類・果実加工品＊

◆オレンジ
フルーツサラダ ……………………160

◆グレープフルーツ
フルーツサラダ ……………………160

◆バナナ
バナナのパンケーキ ………………161

◆りんご・りんごジャム
紫キャベツとりんごのピクルス ……101、106
さつまいもとりんごのきんとん ……114

◆レーズン
紫キャベツとレーズンのマリネ ………47
さつまいもとレーズンのレモン煮 ……99、111

◆パイナップル缶
かじきまぐろのBBQ ………………153

◆レモン
ポークソテー ………………53、62
かぶとレモンの浅漬け ………99、128
さつまいもとレーズンのレモン煮 ……99、111
キャロットラペ ……………100、105
カリフラワーとチーズのピクルス ……131
きゅうりの塩レモン漬け ……………157

＊種実類＊

◆アーモンド
にんじんとナッツのサラダ …………107

◆くるみ
にんじんとナッツのサラダ …………107

◆バターピーナッツ
エスニックなます ……………………45
いんげんとピーナッツの炒め物 ……103、118
エスニックサラダ ……………………160

＊ハーブ類＊

◆ローズマリー
ハーブローストチキン＆
　ローストポテト ………………………39
ミニトマトのマリネ …………………149

＊漬け物類＊

◆梅干し
カリカリかつお梅おにぎり ……………49
梅干しとじゃこの炊き込みごはん ……90

◆キムチ
豚キムチ焼きうどん ………………168

◆高菜漬け
鶏そぼろと高菜ごはん ………………92

◆ピクルス
ハンバーガー …………………………94

＊主食・皮・粉類＊

◆ごはん・米・もち米
焼き鮭おにぎり ………………………48
焼きたらこおにぎり …………………48
ツナマヨおにぎり ……………………48
トマ玉おにぎり ………………………49
カリカリかつお梅おにぎり ……………49
ベーコーンおにぎり …………………49
肉巻きおにぎり ………………………50
ちくわ天むす …………………………50
キンパ …………………………………50
梅干しとじゃこの炊き込みごはん ……90
海南チキンライス風 ………90、102
炊き込みあさりのピラフ ………………90
ゴロッと鶏飯 …………………………91
カレーピラフ …………………………91
大根と豚バラの炊き込みごはん ………91
たらこと青じその混ぜごはん …………92
うなきゅうごはん ……………………92
鶏そぼろと高菜ごはん ………………92
鮭と三つ葉の混ぜごはん ……………93
ツナと薬味の混ぜごはん ……………93
かぶとじゃこの混ぜごはん …………93
大根もち ……………………………130
ステーキガーリック炒飯 ……………143
炊き込み炒飯 …………………………144
ゴロッと鮭のおにぎり ………………145
ハムとパセリのバターライス ………146
ツナちらし寿司 ……………………147
えびピラフ …………………………152
野菜たっぷり鶏飯 …………………153
しそじゃこの玄米おにぎり …………157
枝豆と桜えびのおにぎり ……………160
ロコモコ丼 …………………………164

彩り野菜のプルコギ丼 ………………165
お肉ゴロッと麻婆なす丼 ……………166
コロコロガパオ丼 …………………166
プリプリお肉の親子丼 ………………167

◆うどん
豚キムチ焼きうどん ………………168

◆しゅうまいの皮・春巻きの皮・生春巻きの皮
生春巻きサラダ ………………………45
いんげんと生ハムの春巻き ……53、116
揚げ焼き春巻き ………………………66
カラフル肉しゅうまい ………………67

◆そうめん
じゃこそうめん ……………………159

◆焼きそば麺
塩焼きそば …………………………167

◆パスタ
マカロニサラダ ………………………41
ゴロゴロミートなすのペンネ ………168

◆パン
フレンチトーストサンド ……………94
バインミー ………………………94、103
ハンバーガー …………………………94
ボリューム厚焼き卵のサンド …………95
ロールパンのプルコギサンド …………95
照り焼きチキンサンド ………………95
フィレオフィッシュ …………………96
クラブサンド …………………………96
クロックムッシュ …………………158
フレンチトースト ……………………163

◆小麦粉・ホットケーキミックス
玉ねぎと桜えびのチヂミ ……………43
ミニトマトとじゃこのチヂミ ………109
バナナのパンケーキ ………………161

レシピ作成・調理・スタイリング
上島亜紀(かみしまあき)

料理家・フードコーディネーター&スタイリストとして女性誌を中心に活動。企業のレシピ監修、提案も行う。パン講師、食育アドバイザー、ジュニア・アスリートフードマイスター取得。簡単に作れる日々の家庭料理を大切にしながら、主宰する料理教室「A's Table」では、楽しくて美しいおもてなし料理を提案。著書に『一度にたくさん作るからおいしい煮込み料理』(成美堂出版)、『驚くほどおいしい 電子レンジ料理100』(学研プラス)、『おでかけ弁当ドリル』(宙出版)などがある。

Staff

撮影	安部まゆみ
デザイン	矢崎進　大類百世　磯崎優　竹鶴仁惠(yahhos)
イラスト	渡辺なお
調理アシスタント	常峰ゆう子
栄養計算	角島理美
編集協力／執筆協力	丸山みき(SORA企画)　志賀靖子
編集アシスタント	岩本明子　柿本ちひろ　暮林まどか (SORA企画)　大森奈津
編集担当	小高真梨(ナツメ出版企画)

ナツメ社Webサイト
https://www.natsume.co.jp
書籍の最新情報(正誤情報を含む)は
ナツメ社Webサイトをご覧ください。

本書に関するお問い合わせは、書名・発行日・該当ページを明記の上、下記のいずれかの方法にてお送りください。電話でのお問い合わせはお受けしておりません。
・ナツメ社webサイトの問い合わせフォーム
　https://www.natsume.co.jp/contact
・FAX (03-3291-1305)
・郵送 (下記、ナツメ出版企画株式会社宛て)
なお、回答までに日にちをいただく場合があります。正誤のお問い合わせ以外の書籍内容に関する解説・個別の相談は行っておりません。あらかじめご了承ください。

決定版！ ラクラク作れて、男子も女子も喜ぶ！中高生の大満足弁当300

2018年 4月 1日　初版発行
2023年 4月 1日　第13刷発行

著者	上島亜紀(かみしまあき)
発行者	田村正隆

©Kamishima Aki, 2018

発行所　株式会社ナツメ社
　　　　東京都千代田区神田神保町1-52　ナツメ社ビル1F(〒101-0051)
　　　　電話 03-3291-1257(代表)　FAX 03-3291-5761
　　　　振替 00130-1-58661

制　作　ナツメ出版企画株式会社
　　　　東京都千代田区神田神保町1-52　ナツメ社ビル3F(〒101-0051)
　　　　電話 03-3295-3921(代表)

印刷所　図書印刷株式会社

ISBN978-4-8163-6413-6　　　　　　　　　　　　　　　　Printed in Japan

〈定価はカバーに表示してあります〉
〈乱丁・落丁本はお取り替えします〉
本書の一部または全部を著作権法で定められている範囲を超え、
ナツメ出版企画株式会社に無断で複写、複製、転載、データファイル化することを禁じます。